W0046653

SO GEHT
WIEN

ANDREA MARIA DUSL

SO GEHT WIEN!

VON ARSCHKAPPELMUSTER BIS ZWIEBELPARLAMENT

METROVERLAG

Jitro ist echt.

ANSTELLE EINES VORWORTS

Anekdote und Essay. Wien ist anders. Alles ist hin. 7

WIENER BEGEGNUNGEN

*Servus und Sorten 10 / Häuser und hauen 11 / Fröndschaft 12 / Mahl-
zeit! 13 / Immer wieder! 14 / Alles Walzer! 15 / Die legendäre Taxigeschichte 17 / Baba 19 / Der Abgang 20 / Wer begehrt Einlass?* 22

WIENER BEZIEHUNGEN

*Wer ist hier der Gscheade? 26 / Das Kaffeehaus 27 / Der Wiener Grant 33
Die Blutwiese 34 / Die drei Pfeile der Roten 35 / Der Wiener Urlaub 36
Der Wiener Balkon 38*

WIENER (ER)NENNUNGEN

*Der Fiaker 46 / Gleis-Behm und Isolierte 47 / Schani und Hansl 48
Jack and Joe and Jill 49 / Schurli mit der Blechhaube 50 / Der Karl 51
Das Leo 52 / Das Bankert und der Pamperletsch 53 / Der g'söchde Off 54
Wappler, Dillos, Koffer 55 / Die Panier 56 / Die Fettn 57 / An Haxen
ausreißen 58 / Schiach wie der Zins 59 / Es spielt Granada 60
Oaschlecken und Klavierspielen 61 / Abortschmus und Häuslschmäh 62
Der Rettich 63 / Warum der Wiener AUTO schreibt 64*

WIENER HÖHEN UND TIEFEN

*Wien und der Balkan 66 / Das Wiener Grätzel 67 / Wege in Gassen und
Straßen 68 / Bezirksspott und Stadtteilhohn 70 / Zwiebelparlament und
Zitronenhügel 71 / Der Ring 72 / Der Schwedenplatz 76 / Insel, Mazzes,
Werd 77 / Wo liegt Boboville? 78 / Wiens geheime U-Bahn-Tunnel 80
Wiens Klimazonen 82 / Wien liegt am Inn 83 / Wiens kahle Berge 90
Wien, der Faunenhain 91 / Das Schweizerhaus 92*

WIENER MISCHUNGEN

Das Glas Wasser 98 / Der Almdudler 100 / Der Schnitt 103 / Der Russische Tee 104 / Der Glühwein 105 / Das Gulasch 106 / Das Salzstangerl 108 Das Seidel Wonne 109 / Das Wiener Schnitzel 110 / Der Erdäpfelsalat 113 Der Kaiserschmarrn 115

WIENER FÄRBUNGEN

Wien ist blau 118 / Wien ist schönbrunnergelb 124 / Wien ist rot 125 Wien ist rosa 131 / Wien ist orange 134 / Wien ist grün 135 / Wien ist violett 139 / Wien ist weiß 142 / Wien ist schwarz 144 / Die U-Bahn-Farben 147 / Die Farbe von Zilks Krawatten 148

WIENER VERRICHTUNGEN

Einkaufen 150 / Ausbaanln 154 / Einmargarieren 155 / Budern und umpudern 156 / Das Geheimnis des Tschuribaums 157 / Wien und das Frühaufstehen 159 / Wienkrankheit Tachynose 160 / Wie man die Wadln viererichtet 161

WIENER TÄUSCHUNGEN

Ausweis, bitte! 164 / Aussteigenlassen! 166 / Wiener Pflaster 168 Das Arschkappelmuster 169 / Das Schulstageln 170 / Macheloikes 171 Das Mysterium der französischen Botschaft 172 / Das Lanterlied und sein Geheimnis 174 / War Franz Joseph überhaupt Habsburger? 180 Was ein echter Wiener is 183

ANHANG

Register 186 / Literatur 190

ANEKDOTE UND ESSAY
WIEN IST ANDERS. ALLES IST HIN.

Wien ist weitgehend unbekannt. Wo es liegt, ist nicht ganz klar, wie es tatsächlich heißt, schon gar nicht. Was kann Wien und was nicht? Wie sagt wer was und wann und vor allem: Warum? Wer war wer und wieso nicht? Dieses Buch hat die Phantasie, in die Pestgruben der Überlieferung zu leuchten und den Geigenhimmel des Bekannten zu verdüstern. Wien, das wissen die Griechen unter uns schon längst, ist die Fortsetzung von Byzanz mit den gleichen Mitteln, der Minotaurus im Labyrinth, in dem sich alle auskennen.

Wie soll man schreiben über diese Stadt? Welche Form will gefunden werden, um ihr Wesen zu ergründen, ihre Eigenheiten zu erkunden, ihre Protagonisten zu beschreiben?

In seinem Essay „Der Essay als Form" versucht der Kurzzeitwiener Theodor W. Adorno ein Textgenre zu fassen, das im Deutschen nur selten als das verstanden wird, was es im Französischen bezeichnet: Den Versuch.

„Das Wort Versuch", so Zwölftonstudent Wiesengrund, „in dem die Utopie des Gedankens, ins Schwarze zu treffen, mit dem Bewußtsein der eigenen Fehlbarkeit und Vorläufigkeit sich vermählt, erteilt, wie meist geschichtlich überdauernd Terminologien, einen Bescheid über die Form, der um so schwerer wiegt, als er nicht programmatisch sondern als Charakteristik der tastenden Intention erfolgt." Im Wien von heute hieße das verkürzt aber hochfrisiert: „Bam, Oida!"

Ein anderer Leitsatz des vorliegenden Kompendiums muss Egon Friedell entwendet werden. In der „Kulturgeschichte der Neuzeit" gibt er einen Fahrplan aus, an dessen Takt ich mich gehalten habe. Möglichste Unvollständigkeit war überall angestrebt. Wien kann immer nur unvollständig gesehen werden. Die Anekdote, so Friedell, sei in jederlei Sinn die einzig berechtigte Kunstform der Kulturgeschichtsschreibung.

Meine eigenen Versuche intentionalen Tastens hatten schon bisher oft auf das Objekt dieses Buches fokussiert: Wien. Alle Essays und Kolumnen zur Stadt und seinen Eigentümlichkeiten erschöpfen sich im Ergebnis, diese Verhältnisse in Hinblick auf das Unvollständige auszuloten.

Ich habe versucht, die Stadt, an der ich leide, die mich auslebt und bearbeitet, in essayistischer Form zu fassen. Der Versuch trägt das Scheitern in sich. Und ein Buch über Wien kann immer nur ein Buch über das Scheitern an Wien sein. Der Weg in das Dickicht dieser Erkenntnis führt indes ins Undurchdringliche selbst. Wien ist jener Teig, hinter dessen Konsum kein Schlaraffenland liegt, sondern nur neuer Teig. Und paradox: Wien wird unsichtbar, ja geradezu unwienerisch, sobald man zum Inneren vordringt. Das Phänomen ist bekannt, Warnungen verhallen ungehört.

Nach jahrzehntelanger Beschäftigung mit der Stadt, in die ich geboren wurde, in der ich mit Abwechslungen aufwuchs und in die ich Wege und Gassen einer Biographie schlug, kenne ich mich weniger aus denn je. Vielleicht war ich zum Zeitpunkt meiner Geburt die echteste Wienerin der Geschichte, um dann schlicht und schlecht zu verunwienern.

Man erwarte sich nicht zu viel von meinen Beobachtungen, davon aber im Übermaß. Dieses Buch erzählt vom Scheitern. Das Scheitern im Beckettschen Sinne. Es könnte eine Betriebsanleitung für Wien sein:

Alles seit je.
Nie was anderes.
Immer versucht.
Immer gescheitert.
Einerlei.
Wieder versuchen.
Wieder scheitern.
Besser scheitern.

Samuel Beckett, Wiener des Herzens

Andrea Maria Dusl

WIENER BEGEG-NUNGEN

SERVUS UND SORTEN

In Wien gibt es zwei Sorten Servus, zwischen ihnen verläuft die Hietzinger Demarkationslinie, jene unsichtbare Grenze, die quer durch alle politischen Lager das Joviale vom Gespreizten trennt.

Das eine Servus, das „Hohe Servus", wie ich es nennen möchte, warfen einander promenierende Offiziere am Ringstraßen-Korso entgegen, die eine Handschuhfaust am Säbelknauf, die andere am Tschakoschirm. Heute begrüßen sich Primarii so, wenn sie einander im Foyer des Musikvereins begegnen. Auch Mitglieder der Industriellenvereinigung greifen zum „Hohen Servus", wenn die zufällige Begegnung am Schwarzenbergplatz einen Gruß erfordert. Dieses Servus kann zur Begrüßung wie zur Verabschiedung verwendet werden und klingt wie „Sehr wus". Stets wird das „sehr" betont, das auf Kosten des kümmerlichen „wus" groteske Dehnungen annehmen kann. Zumal bis heute niemand weiß, was ein „wus" wäre.

Das Hohe Servus hat sich mit der Habsburger-Monarchie in den Kronländern verbreitet und ist in Slowenien, Ungarn, der Slowakei, Rumänien und Polen bekannt. Es kommt vom Lateinischen „servus", (Diener, Sklave) und bedeutet, der Grüßende empfähle sich dem Begrüßten als solcher. Dass dies in der Geschichte der Servussiererei auch nur ein einziges Mal ernst gemeint gewesen sein könnte, kann stark bezweifelt werden.

Das zweite Servus, das „Niedrige Servus", klingt ganz anders, nämlich „Seawas". Es wird ganz kurz ausgesprochen, in der Kurzform „Sers", „Sas", „Seas" besteht es überhaupt nur aus einer zischenden Silbe. Es ist die Alternative zum „Griassdi" und hält nicht länger auf als notwendig. Als Ausruf des Erstaunens (Na seawas!) ist es vermutlich eine Verballhornung von „Na sowas!"

HÄUSER UND HAUEN

Die normative Kraft des Wienerischen sowie die einschlägigen Nachschlagewerke zeichnen ganz ähnliche Bilder zur Herkunft einer hochaktiven Kommunikationsbeendigung. Wollte man in Wien jemanden bescheiden, er solle sich schnell und ohne weitere Formalitäten aus dem Staub machen, empfehle man diesem: „Hau di üwa d'Heisa!" (Haue dich über die Häuser!)

Die gaunersprachliche Redewendung des Sich-über-die-Häuser-Hauens hat ihr geographisches Zentrum in Wien. Wir dürfen mutmaßen, dass sie ihren Ursprung in der biedermeierlich-frühindustriellen Epoche hat, als gestrenge Hausmeister die Tore der im Kern oft noch gotischen Wiener Bürgerhäuser in der Stadt und draußen in den Vorstädten geschlossen hielten. Und geschlossen halten mussten. Nicht zuletzt im Sinne der Metternichschen Polizei, der viel daran lag, das sogenannte lichtscheue Gesindel vom Abtauchen in den nächsten Hauseingang oder vom Nächtigen in den Kellern abzuhalten. Von Einbrüchen sowieso. Die Flucht über die Häuser, also über die Dächer, dürfte nur den Extremfall einer Flucht dargestellt haben und wohl meist nur innerhalb eines Häuserblocks möglich gewesen sein. Für den Transfer der Wendung von der Wiener Gaunersprache ins Gemeinwienerische reichte das. Das Rotwelsche hat aber noch eine ganze Reihe anderer Ausdrücke für die Flucht entwickelt. Wo unsere deutschen Nachbarn sich bloß verdrücken, verkrümeln oder verduften, sich dünnemachen, verpissen, ne Fliege, ne Mücke machen oder schlicht Leine ziehen, macht der Wiener Fliehende „an Schuach" (einen Schuh) „schabert aus", (mit dem Schabber, dem rotwelschen Brecheisen), „suacht a Loch", „krotzt die Kuavn" (Kratz die Kurve), „geht in die Blüah" (die Blühe) und haut sich (wirft sich), ähnlich wie „üwa d'Heisa" „üwa d'Maua" (über die Mauer). Den schönsten Ausdruck für den vorzeitigen Abgang hat das Wienerische aber aus der romani čhib, der Roma-Sprache entlehnt, aus Romani „pal" (nach, hinter) wurde „Beuli geh'n" (Päule gehen) oder „beulisian" (päulisieren).

FRÖNDSCHAFT

Das Wort wird Freundschaft geschrieben, aber Fröndschaft ausgesprochen. Zu Beginn der Neunzehnhundert-Zwanzigerjahre begrüßten sich die Mitglieder der Sozialistischen Arbeiterjugend noch mit „Frei Heil", einer Grußformel, die vermutlich von den österreichischen Arbeitersportverbänden übernommen worden und spätestens mit der Konjunktur des „Heil Hitler" der illegalen Nazis unmöglich geworden war.

Ebenfalls aus der Arbeitersportbewegung kam der Gruß „Freundschaft", der sich in den Zwanzigerjahren zunächst bei den österreichischen Kinderfreunden durchgesetzt hatte und von dort nach Deutschland „exportiert" wurde. „Fröndschaft" gefiel eindeutig besser als „Frei Heil". Zur Frage, welcher Gruß der bessere sei, gab es dennoch kontrastierende Meinungen und heftige Erörterungen.

Als der sozialistische Arbeiterpädagoge Otto Felix Kanitz auf dem großen Internationalen Jugendtag in Wien im Juli 1929 seine Begrüßungsansprache mit dem Gruß „Fröndschaft!" schloss, war dem Redner aus 50.000 Kehlen ein begeistertes Echo entgegengeschallt. „Fröndschaft" war endgültig etabliert.

Von den Jugendorganisationen trat der Gruß schließlich seinen Siegeszug in die gesamte sozialdemokratische Bewegung an – als Zeichen der solidarischen Verbundenheit und als ein äußeres Unterscheidungsmerkmal zum faschistisch punzierten „Heil". Ähnlich wie „Glück auf" (Glükof) wurde „Freundschaft" (Fröndschaft) auch allgemein von Arbeitern verwendet. In der Sowjetunion ursprünglich auch auf Deutsch, bis zum Unternehmen Barbarossa, Hitlers Angriff auf die Sowjetunion. Von da an wurde „Freundschaft" russisch entboten: Дружба (Druschba).

Mit dem Aufkommen des Chianti-Sozialismus in den frühen 1990er-Jahren ist der proletarische Gruß etwas aus der Mode gekommen. Was ausdrücklich bedauert werden sollte. Einen eleganteren Gruß mit besserer Aura findet man nicht. Freundschaft, äh, Fröndschaft.

MAHLZEIT!

Während der NS-Zeit hatte sich in den Wiener Amtsstuben eine Begegnungskultur der hochpräzisen Ungenauigkeit entwickelt, die vor allem dazu diente, die eigene politische Färbung zu verschleiern.

Die Zugehörigkeit zu jedem politischen Lager außer dem nationalsozialistischen war längst zur Gefahr für Leib und Leben geworden. Gelernte Österreicher, Katholiken und Klerikalfaschisten waren einander bis zum Einmarsch Hitlers mit der Aufforderung „Grüß Gott" begegnet, Sozialisten hatten Fahne gezeigt mit dem solidarischen Gruß „Freundschaft" oder dem agnostischen „Guten Tag" – wienerisch „Daaag" ausgesprochen. Nationalsozialisten schließlich, und die waren jetzt am Ruder, wünschten wem auch immer „Heil Hitler!" Und sie erwarteten den gehusteten Tyrannengruß auch von der Gegenseite.

Ein gedeihliches Zusammenleben auf Beamtenebene war in den ehemals österreichischen Amtsstuben nur mit einer unverfänglichen Begrüßung möglich. Die wenig elegante, aber ungefährliche Grußform „Mahlzeit" umschiffte die Klippe, dem Falschen zur falschen Zeit das Falsche zu wünschen.

„Mahlzeit" – eigentlich „ich wünsche Ihnen eine gesegnete Mahlzeit" – ist in Amtsstuben und Bürofluren auch heute noch populär. Der Gruß ist ab 9:58 applikabel und kann getrost bis 15:15 verwendet werden. Er wird stets „hochdeutsch" ausgesprochen, was sich in etwa wie „Maalzett" anhören sollte, um authentisch zu wirken.

Ein verwandtes Phänomen der wunschtechnischen Unschärfe liegt im Gruß „Schönes Wochenende" vor, der locker ab Mittwoch in Stellung gebracht werden kann.

Ab Mitte Juni darf auf den Amtsgängen Wiens „Schönen Urlaub" gesagt werden.

IMMER WIEDER!

Sooft ein sportliches Großereignis mit österreichischer Beteiligung ansteht, hört man in den Zuschauerrängen die Gesänge „Immer wieder, immer wieder, immer wieder Österreich". Woher stammt dieser Gesang, der überdies fast ausschließlich in Wien angestimmt wird?

Jenseits der Diskussion über eine töchterreiche oder gabalierende Text-Auslegung der Österreichischen Bundeshymne gibt es Einvernehmen darüber, dass die Nation zwischen Bodensee und Langer Lacke genau drei Lieder fehlerfrei intonieren kann. Alle drei wurden in Wien komponiert. Nummer eins ist die Geheimhymne Schnitzellands, der textfreie Schunkelwalzer „An der schönen blauen Donau" von Johann Strauss Sohn. Dicht folgt der weltberühmten Silvester-Marseillaise das sentimentale Rührstück „I Am From Austria", 1989 von Nationalblondl Rainhard Fendrich in die Welt gesetzt. Der uns hier und heute interessierende Imma-Wie-Da-Ö-Sta-Rech-Hymnus hält indes Rätsel bereit. So einfach und massentauglich Melodie und Text des Schlachtgesangs erscheinen, so schwer sind seine Autoren zu fassen. Der Fußballschlachtruf muss zumindest knapp vor 1978 entstanden sein, ist er doch auf dem Fußball-WM-Sampler „Immer wieder Österreich" zu finden, der in prophetischer Weise rechtzeitig vor dem Nationalereignis Cordoba mit dem „Stadionchor" eingesungen und auf Platte gepresst wurde. Als Autoren firmieren der langjährige ORF-Big-Band-Leader Richard Oesterreicher (fälschlich oft Österreicher geschrieben) und ein geheimnisvoller Emanuel Morel. Reizvoll erscheint allerdings eine andere Theorie zur Urheberschaft des Stadionliedes. Demnach stammt der patriotische Kickermarsch von der Wolfgang-Lindner-Band, arrangiert und komponiert vom Duo Wolfgang Lind und Peter Ciri. Hinter den Pseudonymen verbergen sich Musikantenstadl-Bandleader Wolfgang Lindner (Senior) und der Kapellmeister und Tanzorchestermusiker Dipl.-Ing. Peter Hrncirik (Senior). Die Frage kann bis heute nicht schlüssig beantwortet werden. Für Oesterreicher spricht das gewaltige Œuvre, für Lind und Ciri ein anderer Hit von österreichischer Weltgeltung: Ihr 1971 komponiertes, so eingängig wie simple „Ja, mir san mit Radl da". Da gab es noch keine Begegnungszonen.

ALLES WALZER!

Der Opernball ist die Antwort in jenem Kurzdiskurs, zu dem Wien die Frage ist. Wer diese Stadt verstehen will, muss dieses Fest verstehen. Wenn dies denn ginge. Führt doch jede intensive Beschäftigung mit dem Opernball in die Labyrinthe der Wiener, ja weiter noch, in jene der innerösterreichischen Seele. An ein Entkommen aus ihnen, an Kartographierung oder Enträtselung derselben ist nicht zu denken. Die Hochglanzveranstaltung ist an das katholische Kalendarium gebunden, sie findet üblicherweise am letzten Donnerstag vor dem Aschermittwoch statt. Entgegen landläufiger Mythologisierung ist der Opernball keine urwienerische Erfindung und noch weniger eine von aristokratischer Eleganz. Sein gerne verschwiegenes Vorbild waren die berüchtigten Pariser Opernbälle. Kaiser Franz Joseph, in dessen Singspielhaus der Abend am 11. Dezember 1877 erstmals gegeben wurde, war nicht amüsiert und verbat aus Angst vor Pariser Tumultzuständen das Tanzen. Der erste Opernball hieß daher Hofopern-Soirée. Spätere Veranstaltungen mit stärker ausgeprägtem Ballcharakter nannten sich Opernredoute. Es war eine feine, aber halbseidene Fete. Die höchsten Kreise verkehrten ohnedies auf den hocharistokratisch exklusiven Ahnenbällen in der Mehlgrube (auf dem Areal des heutigen Hotel Ambassador). Der Opernball war also ab origine ein Treffpunkt der zweiten und dritten Gesellschaft. Singendes Hofpersonal, Wirtschaftstreibende, Kleingeldsäcke und Lebedamen. Uniformiert war und ist man damenseitig mit leichter und mittelschwerer Ballrobe, falschem Nerz und einfacher Perlenkette, der Begleiter betrat und betritt tunlichst im eigenen, in der Regel aber im Leihfrack die Feststiege. Der Staatssender ORF trägt dem Wirbel Rechnung und Rache und überträgt das Tanzereignis wie ein Schirennen. Heroisiert wird der nationale Mummenschanz mit dem Hinweis auf den Mythos, dass hier (und nur hier) die großen Geschäfte des Landes gemacht würden. Schamlos zeigt und kommentiert das staatliche Fernsehen die Ballgäste schon im Zustand des Emporkommens. Auf der Feststiege. Kein Bild könnte eine Gesellschaft schlechter Haltung, falscher Manieren, aber guter Hoffnung besser beschreiben als jenes. Alles Walzer. Alles Wien.

DIE LEGENDÄRE TAXIGESCHICHTE

Der Wiener Stephansdom steht auf einem respektablen Platz, der dadurch entstanden ist, dass alle Straßen, die rings um den Dom liefen, ihrer Fahrbahnen und Gehsteige beraubt und zur Fußgängerzone degradiert wurden. Bis auf das Gässchen beim Fiakerstandplatz ist der Stephansplatz verkehrsbefreit. Hier wird nur zu Fuß gegangen. Vor das Riesentor, den Haupteingang des romanisch-gotischen Doms, hat man den Ausgang der U-Bahn-Station Stephansplatz gelegt. Hier ist, wenn man so will, der Nullpunkt des Wiener Untergrundbahnnetzes, die Mutter aller Begegnungszonen. Unsere Taxigeschichte spielt in den 1980er-Jahren, einer Zeit, in der die Dinge noch eindeutig waren. Alles hatte seinen Namen, jeder wusste, wer er war.

Nachmittag. Spätherbst. Aus der Tiefe der U-Bahn-Station keucht eine dicke alte Frau die Stufen empor. Sie hat einen Lodenmantel an, graue Haare lugen unter ihrem grünen Hut hervor. Das Gehen fällt ihr schwer, das Stiegensteigen umso mehr. Am obersten Absatz, am Pflaster des Stephansplatzes angekommen, bleibt die dicke alte Frau stehen, blickt um sich und schreit: „Taxi!"

Nichts geschieht. Die alte dicke Frau mit dem Steirerhut keucht noch immer, atmet schwer, aber sie gibt nicht auf. „Taxi", schreit sie, „Taaaxi".

Ein Mann bleibt stehen, um Rat zu geben: „Nau, weng Ihna wiad do ka Taxler einefoan. Do miassns scho am Taxistaunplods gehn."

„Lassens mich in Kraut", schnaubt die dicke Frau und rührt sich nicht vom Fleck. „Taxi!“, schreit sie, „Tahaxi!“ Kopfschüttelnd geht der Mann seines weiteren Weges. Kein Taxi kommt. Die dicke Frau sucht den Platz mit Blicken ab. Sie keucht und starrt und blickt und schnaubt und dann dreht sie sich um, schaut die Treppe hinunter in den U-Bahn-Aufgang und schreit „Taaxi“. In die Tiefe des Lochs vor dem Dom.

Ein kleiner struppiger Hund hoppelt die Stufen des U-Bahn-Abgangs herauf und bleibt mit hängender Zunge ein paar Meter vor der dicken Frau stehen.

„Daxi!“, schreit die dicke Frau den Hund an, „do geh her, du Oaschloch.“

BABA

Bundesdeutsche Wienbesuchende geraten oft in die Fänge der Frage, woher die Verabschiedungsformel „Baba" denn komme. Eine Weiterentwicklung des englischen „bye bye" schließen sie nicht aus, eine Nähe zum „Gaga" wird indes entschieden abgelehnt. Insgesamt beschleicht zumindest die deutschen Bleibenden (Studierende, Gastronomiemitarbeiter und Supermarktkassierer) ein Gefühl der Unsicherheit. Sollen sie babadeln oder nicht? Und wie wird das „Baba" wienkorrekt ausgesprochen?

Die klassenübergreifende wienerische Grußformel wird auf der zweiten Silbe betont, etwa so wie das Wort „gagá" für meschugge und es wird weicher ausgesprochen als das französelnde Papá, mit dem Hofratswitwen und Theater-an-der-Josefstadt-Abonnentinnen ihre jeweiligen Väter bezeichnen. Vom englischen „bye bye" stammt unser Baba nicht ab, denn das kommt von „good bye" (Auf Wiedersehen). „Good bye" wiederum ist eine Verballhornung der geschraubt klingenden altertümlichen Version „God be with ye" (Gott sei bei euch). Trotz etymologischer Distanz zu unseren Schwestern und Brüdern jenseits des Leberkäs-Äquators scheint ausgerechnet das urwienerisch klingende „Baba" aus Deutschland zu kommen. Es ist die Verdoppelung des germanischen Ekelausrufs „Bäh!", der in der Form „Ba!" irgendwann Eingang in die österreichische Säuglingssprache, oder genauer, in die Sprache gefunden hat, in der hierzulande mit Kleinkindern konversiert wird. Das verdoppelte Lallwort „Baba" für das emotionelle Distanzieren von ekelerregenden Dingen ist irgendwann zum Abschiedsgruß für Babies und Kindergartenkinder verkommen. Von da zum Bussi-Bussi-Verabschiedungsfloskerl wars nur mehr ein beschwingtes Walzerschrittchen. Heute stoßen sich nicht einmal mehr sensible Seelen daran, mit einem Wörtchen vertschüsst zu werden, das einst dazu gedient hatte, den Nachwuchs davon abzuhalten, in Flockis Gacki zu greifen.

DER ABGANG

Das Sterben ist (wie sonst nur Sexualität, Gewalt und Stoffwechsel) in unserer Gesellschaft sprachlich stark tabuisiert. Vorgang, Begleitumstände und das Endprodukt des Sterbevorgangs – die Leiche – werden mit einem reichen Vokabular verhüllt. Dabei müsste die deutsche Sprache nicht unbedingt große Volten schlagen, handelt es sich doch bei „Sterben" selbst um ein Hüllwort – es ist dem Starren verwandt und meint sinngemäß das Erstarren des Körpers (und vermutlich auch des Blicks). Gesellschaftliche Verhältnisse und mit ihnen Machtkonstellationen drücken sich in Sprache aus. Es darf uns daher nicht wundern, dass der Tod von Prominenten und Potentaten sprachlich anders ausgedrückt wird, als jener privaterer Personen. Die Hochsprache und ihr Zerrspiegel, die journalistische Prosa, spricht beim Exitus Höhergestellter von Entschlafen, Hinscheiden, Heimgehen, Ableben und dem Segnen des Zeitlichen. Freimaurer gehen in den Ewigen Osten, Karl Mays Indianer in die Ewigen Jagdgründe, Gläubige werden je nach Sündenkonto von höherer Stelle abberufen oder vor ihren Richter geführt. Der Tod im Krieg wurde mit eigenen Formeln bedacht. Das Sterben für Gott, Kaiser, Führer und Vaterland wurde mit dem Fallen am Feld der Ehre bezeichnet, weniger blumig ausgedrückt, kehrten Söhne und Väter ganz einfach nicht zurück, blieben im Feld. Ermordete werden zu Opfern von Gewalt, Verunglückte zollen dem Berg, der See, der Straße oder anderen Naturgewalten Tribut. Im Sterben werden Machtverhältnisse durch Sprache dargestellt. Die Vielfalt der Formen sollte uns daher nicht wundern.

Das Proletariat und in seiner Nachfahrenschaft die bildungsferneren Schichten der Wiener Bevölkerung haben zum Tod eine innige Beziehung, die sich vor allem in der Sprache manifestiert. Der blumig Ausdruck „a Bankl reißen" (eine Sitzbank umreißen) gehört zum Standardrepertoire an Urwiener Ausdrücken für Sterben. Er kommt wie viele ähnliche Sprachbilder aus dem Rotwelschen, dem Sonderwortschatz der Fahrenden und Vaganten, der Bettler und Kleinkriminellen. Strenggenommen würde eine begüterte Wiener Hofratswitwe allerdings kein

Bankl reißen, sondern vielmehr eine Ottomane werfen, eine Chaiselongue stoßen oder schlicht von der Récamière fliegen. Kehren wir aber zum Rotwelsch-Wienerischen und seinem reichen Repertoire an Ausdrücken für den Exitus zurück. In Wien stirbt man nicht, man „hupft in die Kistn" (die Kiste), „stöd (stellt) die Patschen (die Hausschuhe), die Bock (die Schuhe) und die Hammerl (die Stiefel) auf" oder „haut en Löffl (den Löffel) weg". Man „mocht a Eckn" (eine Ecke) oder „reißt a Brezn" (eine Brezel, eigentlich einen Sturz), „springt ins Sackl" (in den Anzug) oder „ziagt in Hoizpyjama (den Holzpyjama) an". Man wird „vom Banernen (vom Beinernen) ghoit (geholt)" oder vom „Quiqui" und wird „en Deife sei ersta Haaza" (des Teufels erster Heizer). Auch der Suizid wird blumig beschrieben. Lebensmüde „gebm si die Kugel" (geben sich die Kugel), „haun si ins Pendel (in den Strick) und in Lichthof", „schmeißen si ins Hangerl" (die Hängeschleife), „drahn die Gas (das Gas) auf", „gengan maukas" (von jiddisch macho – ausgelöscht sein) oder „foan ganz still und heimlich min Anasibzga (mit der Straßenbahnlinie 71) zum Zentreu (zum Zentralfriedhof)". Amen.

WER BEGEHRT EINLASS?

Zita Maria delle Grazie di Bourbon-Parma, Ehefrau des letzten gekrönten Kaisers des Landes, war im Alter von 97 Jahren im klösterlichen Exil in der Schweiz gestorben. Sie wurde in das republikanische Österreich überführt und am 1. April 1989, nach Messe und Einsegnung im Wiener Stephansdom, im berühmten pechschwarzen, von acht Rappen gezogenen Imperial-Leichenwagen der gekrönten Mitglieder des Kaiserhauses zur Kapuzinergruft geführt.

Im Einklang mit dem spanischen Hofzeremoniell war der große Leichenzug auf seiner Route durch halb Wien an der Habsburger-Grabstätte am Neuen Markt angekommen. Es regnete leicht. Zitas Herold klopfte mit dem Fuß seines Zeremonienstabs an das Tor. Ein Kapuziner-Wächter fragte von drinnen: „Wer begehrt Einlass?"

Der Herold sprach: „Zita, Kaiserin von Österreich, gekrönte Königin von Ungarn, Königin von Böhmen, von Dalmatien, Kroatien, Slawonien, Galizien, Lodomerien und Illyrien; Königin von Jerusalem; Erzherzogin von Österreich, Großherzogin der Toskana und von Krakau; Herzogin von Lothringen und Bar, von Salzburg, Steyr, Kärnten, Krain und der Bukowina; Großfürstin von Siebenbürgen, Markgräfin von Mähren; Herzogin von Ober- und Niederschlesien, von Modena, Piacenza und Guastalla; von Auschwitz und Zator, von Teschen, Friaul, Ragusa und Zara; gefürstete Gräfin von Habsburg und Tirol, von Kyburg, Görz und Gradisca; Fürstin von Trient und Brixen; Markgräfin von Ober- und

Niederlausitz und in Istrien, Gräfin von Hohenems, Feldkirch, Bregenz und Sonnenberg; Herrin von Triest, von Cattaro und auf der Windischen Mark; Großwoiwodin der Woiwodschaft Serbien, Infantin von Spanien, Prinzessin von Portugal und Parma."

Darauf der Wächter: „Kennen wir nicht."

Der Herold klopfte ein zweites Mal, und wieder wurde gefragt, wer Einlass begehre. Jetzt nannte der Herold die Tote beim kleinen Titel: „Zita, Ihre Majestät die Kaiserin und Königin!"

Der Wächter wieder: „Kennen wir nicht!"

Als wäre die Zeit siebzig Jahre stehen geblieben, als hätte es Sarajevo und den Weltkrieg, Erste Republik, Bürgerkrieg und Diktatur, Hitler und den Weltenbrand, die Besatzung und die Zweite Republik nie gegeben, spulte der Herold der toten Kaiserin das spanische Hofzeremoniell ab.

Der kaiserlich-königliche Pompfineberer klopfte ein drittes Mal.

„Wer begehrt Einlass?"

„Zita", sagte er nun, „eine arme Sünderin, deren Sünden so reich sind an der Zahl, wie die Sterne am Himmel."

Erst jetzt öffnete sich das Tor zur Kapuzinergruft.

WIENER BEZIEHUN- GEN

WER IST HIER DER GSCHEADE?

Menschen, die vom Land nach Wien gezogen sind, verstehen sich nicht nur als Wanderer zwischen den Welten, sie vergegenwärtigen auch die unklare Vektor-Richtung der Stadtvokabel „gschead". Dahoam am Land bezeichnet man sie als „Gscheade" (weil Wiener), dahaam in Wien ebenfalls (weil Provinzler). Haben etwa beide Recht? Wird „gschead" am Land womöglich mit gscheit (städtisch, wienerisch, obergscheit) assoziiert, in Wien hingegen „gschead" mit geschert (geschoren, bäuerlich, trampelhaft)?

Aus Wiener Sicht ist jeder Nichtwiener „gschead". Der Ausdruck kommt von der frisurtechnischen Statusmeldung „geschert", bedeutet also geschoren. Damit bezeichnete die Stadtbevölkerung seit dem Mittelalter den Bauernstand. Wegen der Kürze ihrer Haare. Den unfreien Bauern war es seitens der Obrigkeit schlicht nicht erlaubt, das Haar lang zu tragen. Warum manche Landeier die Wiener ihrerseits und ebenfalls als „Gscheade" bezeichnen, kann nicht mit endgültiger Sicherheit erklärt werden. Vermutet werden darf ein Gegenzauber in der Mechanik kindlicher Insultkultur: Wer's sagt is' selber. Haarlänge hat mit Freiheit zu tun und Freiheit mit Sprachmächtigkeit. Insofern verbirgt sich also in der Fähigkeit der Provinzsoziologen, den Wienern (fälschlicherweise) „Gscheadheit" vorzuwerfen, das hohe Gut der Freiheit. Statistisch gesehen befinden sich in Wien mehr Provinzler als Wiener, somit auch mehr „Gscheade" als am Land. Sollte uns Wien deshalb als zu „gschead" vorkommen, könnten wir weiterziehen, in die nächsthöhere Kategorie an Urbanität. Wir könnten es mit Anton Kuh halten, der 1928 auf die Frage, warum er auswandere, antwortete, er wolle lieber „in Berlin unter Wienern, statt in Wien unter Kremsern" leben.

DAS KAFFEEHAUS

Wiens Öffentlichkeit ist spärlich entwickelt. Die Menschen in dieser Stadt haben nie wirklich Gelegenheit gehabt, eine zivile Gesellschaft aufzubauen, geschweige denn, ein Sensorium dafür zu entwickeln, was Öffentlichkeit ist.

Es wundert also nicht, dass sich stattdessen eine Kultur der Halböffentlichkeit entwickelt hat. Eine Begegnungsstätte dieses verborgenen Austauschs, eine wienerische Agora ist das Kaffeehaus. Viel Unsinn ist über diesen wienmythischen Ort geschrieben worden. Wegen des Kaffees jedenfalls ging oder geht niemand in ein Wiener Kaffeehaus. Der Bohnenseich ist im besten Fall trinkbar, meist ärgerlich bitter, schal und nicht selten schlicht ungenießbar. Im Wien der unterentwickelten Öffentlichkeitsmechanismen (der Befund gilt auch für die Provinzen Wiens, Österreich genannt) ist das Kaffeehaus eine Aufklärungsmaschine. Hier wurden und werden Nachrichten gedealt, Revolutionen geplant, Symphonien geschrieben. Dass es auch in Prag, Budapest, Salzburg, Lemberg und Krakau eine Wiener Kaffeehauskultur gibt, sollte uns irritieren und daran erinnern, dass auch hier die Habsburger-Monarchie mit einer Mischung aus lethargischem Grüß-Augusttum und nervösem Schönwetter-Absolutismus regiert hatte.

Ins Kaffeehaus ging und geht man, um sichtbar unsichtbar zu sein, ungestört zu stören, und, wie es so treffend heißt, nicht daheim zu sein und doch zu Hause.

Viel wurde gedichtet und berichtet vom Lieblingscafé, vom Stammcafé. Diesen Mythos wollen wir einen Holler heißen, denn die Wienerin und der Wiener und alle, die es ihnen gleichtun, haben für jeden Zweck ein eigenes Kaffeehaus. Für das Ungestörtsein eines, für schwierige Treffen ein anderes, ein drittes für das Rendezvous, ein weiteres für den Tortenheißhunger und ein fünftes, in dem man jederzeit aufs Klo gehen kann.

Von allen Kaffeehäusern des Landes wollen wir uns hier näher mit dem Salzgries beschäftigen, einer Aufklärungsmaschine mit vielfältigem Kharma. Der Kaffeehausgott hat es früh von uns genommen.

Das Café Salzgries war kein typisches Wiener Kaffeehaus, es war viel mehr, es war ein gastronomisches Vaporetto, das zwischen den Landungsstegen Beisl, Wirtshaus, Stehbranntweiner und Restaurant verkehrte. Und irgendwie hatte es auch etwas von einer Hafenkneipe. Das sollte nicht wundern, denn es lag tatsächlich an einem Ufer, am ehemaligen Hafenufer zur Donau. Der Salzgries war jener Stadtstrand, an dem die Salzschiffe aus dem Westen anlandeten. Das Salzgries war kein altes Kaffeehaus. Es war eine Verdichtung.

„A tote Gass'n", hatte Ernst Göschl selig, Wirt des Salzgries, vorgefunden, als er im Sommer 1988 sein Lokal eröffnete. „Da sperrst auf?", fragten Freunde ungläubig, „des kannst gleich vergessen". Gegenüber, auf Nummer 9 der steilen Gasse, mit einem Schuh im ehemaligen Flussufer, residiert (bis heute) der „Falter", der publizistische Gewissensbiss des Landes. In einer ehemaligen Hemdenfabrik. In einem gepenschten (gesegneten) Haus. Wir befinden uns im jüdischen Textilviertel Wiens.

Über die Straße, auf der Kaffeehausseite, in der ehemaligen Blusenfabrik Smarto des Hermann Israel Schapira hatten sich 1970 die beiden Magazine „Trend" und „Profil" einquartiert. Aus den Redaktionen der erwähnten Verlage, aus Interviewpartnern, Künstlern, Theatermachern, Politologen, Philosophen, Alltagsaphoristikern und Halbsandlern, Kleingewerbetreibenden und Großhändlern rekrutierte sich das Stammpublikum des Salzgries. Nirgendwo konnte man das Konzept des Kaffeehauses auf kleinerem Ort in situ studieren. Die Einrichtung des Lokals hatte der Szenewirt Kurt Kalb aus eingegangenen Innenstadtkaffees zusammengetragen und mit dem Mobiliar so etwas wie die „Idee des Cafés" restituiert. Nur Karambol konnte man nicht spielen im Salzgries. Wie denn auch, die Räume waren kaum größer als ein Billardtisch.

In der winzigen Kochnische im Hinterzimmer zauberte Frau Martha den ganzen Katalog der Wiener Küche und erinnerte daran, dass das Wiener Kaffeehaus sich nicht nur als Tages- und Abendheim der obskuren Gedanken und der verschwiegenen Gespräche verstand. Kaffee war, wie gesagt, nur ein Motto. Genauso gut hätte man es Schnitzelstation nennen können, Schirmschlucker, Zeitungsleihe oder Nikotinsalon.

Das Salzgries war alles von alledem, sogar eine Bar hatte es, sie stand dem Schlurftresen im Kaffee Alt Wien in nichts nach, hier hielten sich Rotweinkranke an den Achtelgläsern fest, die Herr Anton ausschenkte, wegen seiner Tätowierungen „der Bunte" genannt.

Ursprünglich hatte es im Salzgries außer dem Hinterzimmer mit der Kochnische nur das Zwischenreich gegeben. Und einen straßenseitigen, dunkel getäfelten Salon von der kargen Enge einer Kapitänskajüte. Vom Zwischenreich führten zwei knarrende Wendeltreppen in den Tourettekeller mit den Klos und nach oben in den höhlenartigen Comptoirstock, der dem Vernehmen nach eine Art Büro darstellte, mit einem Sofa, auf dem erschöpfte Kellner zwischengelagert werden konnten, der mittagsmüde Wirt und wer sonst noch nach Schlaf oder anderen Divanverwendungen fragte.

Irgendwann hatte man das Lokal um einen leerstehenden Nebenraum erweitert und wieder hatte sich dieser seltsame Effekt des Ewigdagewesenen eingestellt. Binnen eines Tages war auch dieser Raum patiniert mit Erlebnissen und Erörterungen.

Die Liste derer, die im Salzgries verkehrten, war stets länger als das Verzeichnis der Abwesenden. Wäre Wien bis auf alle Grundmauern verschwunden und nur dieser Ort geblieben, man hätte die Stadt wieder errichten können aus den Geschichten, die hier erlebt wurden, aus dem Personal, das es bevölkerte, aus der Sprache, die hier gesprochen wurde.

In diesem Paralleluniversum wurde ein Jargon gepflogen, der das Amüsement des Alltäglichen auf der Schaumkrone des Abgründigen spazierenschipperte. Wo sonst konnte man ein „Knochenbad" bestellen, oder einen „Fleischtee", wenn man nach Rindssuppe durstig war? Wo verlangte man nach dem Fahrplan, wenn man die Speisekarte studieren wollte? Wo wollte man „Gas und Strom" ablesen lassen, wenn man nach der Rechnung rief? Und wo beglich man diese dann mit „Eisenscheinen" (Münzen)? Wo sonst wurde nach der „Gewürzschaukel" oder dem „Maggischiff" (Salz-Pfeffer) gefragt, der „Depressive" (Kren), das „Fleischildefonso" (Lasagne), der „aufgetrennte Pullover" (Spaghetti), der „BSE-Roller" (Rindsroulade) oder die „Heiße Wiese" (Spinat) gereicht?

Auch exotische Getränke wie der „Kinderfernet" (Coca-Cola), die „Hochobette" (großes Obi gespritzt), die „Hopfenkaltschale" (Seidel), das „Astl" (Zweigelt) oder der „Gießhübl" (Weißer Spritzer) gehörten in den Räumen des Salzgries zum Standardsortiment.

Gehegt und gepflegt haben diese Sprache, die als „Salzgriesisch" in die Geschichte eingegangen ist, Perr Heter (Herr Peter) und eine gleichermaßen eingeschworene wie ausg'schamte Stammkundschaft, die sich in hingebungsvoller Treue um ihn scharte. Aber Perr Heter, der allen Ernstes Visitenkarten führte, die ihn als „Peter Ferber, Leitender Direktor der manuellen Getränke-, Kaffee- und Lebensmittelspedition auf mikroregionaler Ebene" auswies, war nicht das einzige Original in diesem Mikrokosmos. Von ganz eigentümlichen Charisma war die Besatzung des Stammtisches, der von schwarzgalligen Kabarettisten, tourettierenden Gesellschaftskolumnisten und einem Jedermann-Regisseur kommandiert wurde. Mit von der Partie waren ein persischer Innenarchitekt und ein ägyptischer Arzt. Auch der Maler Rudi Holdhaus, genannt der „Pinselschwinger", lehnte hier zu Tische. Seine Idee, den Großglockner zu vergolden, hielt man nicht nur hier für großartig Im Ernst! Das Ausmaß an Tagesfreizeit, das die Erwähnten im Salzgries verbrachten, rang Bewunderung ab.

Im großen Salon saß derweil der Philosoph und Essayist Franz Schuh, genannt das Frettchen, raschelte mit der „Frankfurter Allgemeinen" und rang nach Ruhe. Am Nebentisch ließ die „Profil"-Redaktion innenpolitischen Rechercheballast ab, wusste Wochen vor Bekanntgabe die Neuwahltermine und wenn sie mal etwas nicht wusste, ließ sie sich Vermutungen aus der Nase ziehen. Ihre Kollegen vom „Falter" waren nicht weniger gut informiert, hatten aber oft den besseren Riecher und hängten Neuigkeiten noch dazu für weniger Gage ins Blatt.

Im Salzgries aß man ausgezeichnet und unaufgeregt, auf schwarz polierten Tischen, denen weiße Tischtücher aufgelegt wurden, die schon nach der Idee eines Kernölspritzers gewechselt wurden. „Gamaschen" hießen die bretthart gestärkten Gastronomietextilien.

Ganz besonders gerne stand schon des Morgens Herr Doft an der Bar des Salzgries. Herr Doft betrieb das Textilgeschäft gegenüber. Es hieß, er sei ein Philosoph. Das ist bei den Juden jemand, der das Leben kennt und Rat zu geben weiß. Von weit aus dem Osten kamen Menschen zu Herrn Doft. Mit kniffligen Lebensproblemen. Jedenfalls war er Frauenversteher und Charmeur der alten Schule. Und immer hatte er einen Hut auf. Eines Tages griff sich Herr Doft den Ober Peter und meinte in Anspielung auf das Bordell neben dem Café Salzgries:

„Herr Päiter, mach mer auf a Puff!"

„Wieso a Puff, Herr Doft?"

„Wieso a Puff? A Frau is doch viel schäiner als a Melange!"

Zu den Schönheiten des Lokals gehörte gewiss Frau Ricki, eine alterslose Blondine von großer Sprachkraft, von der die Mär ging, sie wäre als junges Ding die Geliebte von Wjatscheslaw Molotow gewesen, der als Missionschef der Sowjetunion in der Wiener Atomenergiebehörde das politische Abstellgleis polierte.

In voller Fahrt war im Salzgries stets „Jean Gabin", ein friedlicher, unablässig „Jean Gabin, Jean Gabin" vor sich hinmurmelnder Edelsandler, der Schnurren aus seinem haarsträubenden Leben zum Besten gab und dabei selbst aussah wie der französische Schauspieler.

Auch die sterbende Frau sah aus, wie sie hieß. Die Pensionistin litt an Schlummersucht und fiel während narkoleptischer Anfälle regelmäßig in ihre Suppe. Dazwischen verirrten sich immer wieder Touristen in das Lokal. Die bestellten ausgerechnet jene Fantasiegerichte, die der poetisch veranlagte Herr Peter in Sommerlochzeiten auf die Tageskarte geschrieben hatte, um sich die Zeit zu vertreiben. Dinge wie „Papierschnitzel an Luftknödeln" oder „Keine Suppe ohne Einlage".

Im Salzgries blühte die anarchische Kraft des Verborgenen. In den späten 1990er-Jahren war es kalt geworden in der Stadt, die politische Rechte zog ihre populistische Schraube an und leimte gequirlten Unsinn an die Wände: „Wien darf nicht Chicago werden". Als sich das als Unsinn herausgestellt hatte, weil Chicago eine niedrigere Kriminalitätsrate als Wien hat, wurde neu getextet. Die Salzgriesische Linke plante antifaschistische Lichtermeere und schrieb sich die Feuilletonfinger wund und als es Ende der Neunziger schließlich ganz düster kommen wollte, in der Zeit, in der Jörg Haider allen Ernstes den Kanzlersessel für sein aufwindiges Lager beanspruchte, schrieb ein Salzgries-Gast an die Häuslwand im Keller: „Wien darf nicht Österreich werden." Daran hielt sich die Stadt bis heute.

DER WIENER GRANT

Kein renommiertes Wiener Café kommt ohne ihn aus. Der unfreundliche Ober gehört zum Wiener Stadtinventar. Touristen haben diesbezüglich Gewöhnungsbedarf, sie sind durch die gastronomischen Usancen in angloamerikanisch empathisierten Gegenden verweichlicht und empfinden Groll gegen jene wortkarge Befindlichkeit, die unter der wienerischsten aller Wiener Gefühlswetterlagen summiert werden: dem Grant.

In anderen metropolitanen Gegenden wäre der Grant eine Sünde wider das Miteinander, im Wien der Ich-Leidenden ist er nicht die Krankheit, sondern sein Remedium. Wer in Wien grantelt (und nur hier lässt es sich granteln), der ist schon auf die sichere Seite therapeutischer Sinnstiftung gekrochen. Der Grant ist tief gefühlter Ausdruck ehrlichen Ringens um Güte. Man hüte sich, befinde man sich in Wien, vor der Lüge der Freundlichkeit.

Eine beliebte Herkunftshypothese will den Grant, die Miene gewordene Unzufriedenheit, in den Gesichtern der spanischen Granden ausmachen, die Wien im Zuge der habsburgischen Imperialexpansion aufsuchten. Nach dieser Erklär-Version hätten die Wiener die blasierten und übelgelaunten iberischen Aristokraten als „grandig", grantig wahrgenommen und die höfische Bezeichnung für die Hohen Herren flugs zur Vokabel für hiesiges Stimmungsklima gemünzt. Nur um Nuancen wahrscheinlicher ist eine Wortherkunft vom althochdeutschen „grintan", das nicht belegt ist und dem ein altenglisches „grindan", mit den Zähnen knirschen, zur Seite gestellt wird. Mit größerer Sicherheit kommt der Grant aber vom oberdeutschen „grennen", weinen. Hier schließt unser heute noch verwendetes Greinen an, das lautmalerisch noch stärker dem Weinen ähnelt und das leise in sich Hineinflennen meint, ursprünglich aber wohl – wie das verwandte Grinsen – jegliche Form des Mundverziehens bezeichnete. Wir fassen zusammen. Einzig der Grant ist Glückes Garant.

DIE BLUTWIESE

Eine Blutwiese, richtiger „a Bluadwiesn", gab es in Wien überall dort, wo sich Burschen und junge Männer trafen, um die Fäuste sprechen zu lassen. Anlassbezogen und akzidentiell rituell – ein Turnierplatz des Kleinen Mannes sozusagen. War keine Blutwiese in der Nähe, konnte auch der Beserlpark zum Faustkampfplatz ausgerufen werden.

Von einer Bluadwiesn auf dem Laaer Berg, von dem eine urbane Legende erzählt, wissen die Schriften nichts. Wenn man den Topos Laaer Berg etwas unschärfer fasst, kommt man südlicher, noch in Raufhändelweite dieser Örtlichkeit, zu einer überaus strengen Gegend, deren Bewohner zumindest mit Blutwiesentum etwas am Hut hatten, zur legendären Kreta nämlich. Das Grätzel am östlichsten Ende der Quellenstraße, im Westen von der Absberggasse, im Süden von der Ankerbrotfabrik, im Norden von der Gudrunstraße begrenzt, läuft im Osten in einen Abhang aus, an dem heute die Südosttangente verläuft. Die ehemalige Gstätten am Hang wurde von den Mitgliedern des Arbeiter-Schrebergarten-Vereins Favoriten urbar gemacht. Die Kreta, benannt in Anspielung auf die chaotischen Zustände, die nach dem Kreta-Aufstand von 1896 auf der griechischen Insel herrschten, galt als eines der ärmsten und wildesten Arbeiterviertel Wiens und könnte durchaus auch eine eigene Bluadwiesn für Raufereien und Abfeitelungen gehabt haben.

Gemetzel ganz anderer blutiger Art gab den beiden Wiener Blutgassen ihre Namen. Die eine liegt in Heiligenstadt und wurde vom Volksmund so genannt, weil die Türken hier 1529 Gefangene niedergemetzelt haben sollen. Die andere Blutgasse liegt in der Inneren Stadt. Der Sage nach sollen hier 1312 die in päpstliche Ungnade gefallenen Tempelritter in ihrem Wiener Hauptquartier, dem Fähnrichhof, erschlagen worden sein. Das dabei geflossene Blut hätte die ganze Gasse rot gefärbt.

Jener Massenmord vom 12. März 1421, der als „Wiener Geserah" in die jüdische Geschichte einging und die Wiener Judengemeinde völlig auslöschte, hat indes zu keiner Straßenbenennung geführt.

DIE DREI PFEILE DER ROTEN

Jeden Ersten Mai marschieren die Bezirksorganisationen und Sektionen der Wiener Sozialdemokraten auf traditionellen Routen durch Gassen, Straßen und Boulevards der Stadt. Ziel ihres Sternmarsches ist das Wiener Rathaus und die dort abgehaltene Kundgebung. An den Spitzen der roten Fahnen, die dabei mitgetragen werden, kann man das Trisagittal-Emblem der SPÖ sehen, ein metallenes Signum von der Größe einer Hand – drei nach links unten weisende weiße Pfeile im roten Ring. Semiotik-Interessierte mag dabei irritieren, dass die drei Pfeile im Kreis nach unten zeigen und nicht nach oben, in die lichten Höhen der Zukunft.

Nach Expertise von Parteiforschern geht das Zeichen auf den im deutschen Exil lebenden russischen Soziologen und Mikrobiologen Sergei Stepanowitsch Tschachotin zurück. Gemeinsam mit dem SPD-Politiker Carlo Mierendorff hatte er 1932 die „Drei Pfeile" als Symbol der „Eisernen Front", des Zusammenschlusses sozialdemokratischer Vereinigungen vorgestellt.

Bereits am 8. August 1932 schlug der gelernte Installateur und promovierte Pädagoge Otto Felix Kanitz im Parteivorstand der Sozialdemokratischen Arbeiterpartei Österreichs vor, die „Drei Pfeile" neben dem Parteiabzeichen als sozialistisches Kampfabzeichen zu tragen. Dem Vorschlag, die Pfeile nach oben zu richten, wurde entgegnet, dass der „Feind" nur in den Niederungen der Menschheit zu suchen sei und die Pfeile selbstverständlich nach unten zielen müssten. Mit den „Drei Pfeilen", sie symbolisieren den Kampf der Arbeiterbewegung gegen Faschismus, Klerikalismus und Kapitalismus, wurden an die Wände geschmierte Hakenkreuze überpinselt und damit „aufgespalten", wie das im Verständnis der Aktionisten hieß.

1933 wurden die „Drei Pfeile" vom Ständestaat verboten. Nach dem Zweiten Weltkrieg, mit der Vereinigung von Revolutionären Sozialisten und Sozialdemokraten zur neuen SPÖ, wurden die Pfeile vom „Roten Ring der Einheit" umschlossen. Sie standen nun für Arbeiter, Bauern und „Kopfarbeiter".

DER WIENER URLAUB

Welche Wiener erinnern sich nicht daran? An den ersten Sommer am Strand, an „Azzurro" von Adriano Celentano und „Ti amo" von Umberto Tozzi, an bunte Liegestühle, die abblätternde Farbe an den Badehäuschen, an ausgeblichene Schirme, Melonenverkäufer und brennheißen Sand. Wer erinnert sich nicht ans Luftmatratzenaufpumpen, Sandburgbauen und den ungleichen Kampf zwischen Sonnenöl und roter Haut. Wer kennt nicht den Geruch von staubtrockenen Krimiseiten, in der prallen Mittagssonne als Schattenwedel aufs Gesicht gelegt? Wer hat nie Muscheln aus den Schaumzungen der Wellenzipfel gefischt, dampfende Pasta Asciutta gewickelt und am Corso radebrechend Stracciatella con Nocciola bestellt?

Der Urlaub an der Adria gehört zum kollektiven Gedächtnis der Wiener, das Italien der Strände zu ihren prägenden Erfahrungen im Ausland.

Warum tun sich das die Wiener an? In der Hitze in der Sonne zu liegen? Weil sie es nicht anders gelernt haben. Der wichtigste Urlaub im Leben der Wiener hat seinen Ursprung in den Sommerferien. Traditionell haben Wiener Kinder in den Monaten Juli und August schulfrei. Das war immer schon so. Und es hat nichts damit zu tun, dass es während dieser Zeit in den Schulen zu heiß ist. Und auch nicht damit, dass Lehrer zwei Monate Ruhe zur Vorbereitung brauchen. Der Sommerurlaub hat wirtschaftshistorische Gründe.

Weil das Gebiet des heutigen Österreich ein mäßig industrialisiertes Bauernland war, konnten Kinder sommers gar nicht in die Schule gehen. Sie wurden auf dem Feld gebraucht. Zur Einbringung der Ernte. Harte Zeiten für kleine Kinderkörper. Hart und heiß. Sonnenöl gab es nicht. Und kein Stracciatella-Eis. Die Amtsstuben in Hauptstadt und Provinz wurden dichtgemacht. Parlamente parlierten nicht und Landtage tagten nicht. Ministerien und Ämter reduzierten ihre Aktivitäten auf das Luftzufächeln mürrischer Portiere. Auch Großgrundbesitzer und Aristokraten mussten im Sommer auf den Acker. Die Herren sahen auf den fernen Gütern, deren Fruchtgenuss ihnen Reichtum und Stand sicherte, nach dem Rechten. Die Familien reisten gleich mit auf die Güter. Die Sommerfrische war erfunden.

Strandurlaube hatten medizinischen Charakter und waren ärztlich verordnet. Die allerersten Meerurlauber waren schwindsüchtige Töchterln und frauenleidende Gattinnen, tuberkulose Söhnchen und frischlufthungrige Mätressen. Die österreichischen Meerkurorte eiferten den großen Vorbildern an der Côte d'Azur und deren Publikum nach und orientierten sich an der Strandpromenadenlust der zaristischen Aristokratie und des englischen Adels. Hier liegt der Ursprung jeden Jesolo-Urlaubs. Die Wiener Sehnsucht nach dem venezianischen Meer verband sich mit den Italienüberfällen der deutschen Wirtschaftswunderkinder zu einem deutsch-österreichischen Adriafimmel.

Auch wenn die Wiener Durchschnittsfamilie mittlerweile auf Sardinien und Mallorca, an Schwarzmeerküste, Indischem Ozean und in der Karibik planscht und das Prekariat im Stadionbad, im Gänsehäufl und in der Neuen Donau, das Maß aller Dinge wird stets der Urlaub am oberadriatischen Badestrand sein, der von den heißen Pinienwäldern ins flache und friedliche Kleinmeer läuft. Azzurro. Con gelato.

DER WIENER BALKON

Eine eigentümliche Form der Begegnung pflegt Wien, wenn es sich auf den Balkon begibt. Dabei sollte man nicht vergessen, dass die Wiener Balkone keine Erfindung des Fremdenverkehrs und auch nur in Maßen ein Einfall des Hofadels sind, sondern ihren Ursprung am Land haben. Balkone sind Bestandteile bäuerlicher Architektur. Das Wort kommt über das Italienische aus dem Althochdeutschen und stammt eigentlich vom langobardischen Wort „balko" ab. Und das ist der Balkon auch. Ein Balken. Ein Donnerbalken für besondere Anlässe. Wenn in Wien der Wind geht, wird die schmutzige Wäsche auf den Balken gehängt. Oder die saubere. Manchmal lässt sich die eine von der anderen nicht unterscheiden.

Mit drei Balkonen kommt Wien aus, soviel hat die Geschichte gezeigt. Der Gefühlsbalkon von Schnitzelstadt ist die Terrasse über dem Mitteltrakt der imperialen Neuen Hofburg. Nummer zwei der Wiener Altane ist der Balkon des Bundeskanzleramts. Der dritte Balkon ist dünn und verspielt. Wie eine Habsburger-Unterlippe kragt er aus dem Sommerpalast des Prinzen von Savoyen. Der Balkon des Oberen Belvedere ist der Staatsbalkon des Landes. Belvedere heißt „schöne Aussicht". Weil politische Aussichten von ausreichender Schönheit selten sind, ist dieser Balkon erst ein einziges Mal benutzt worden.

BALKON EINS. NEUE HOFBURG

Der Heldenplatz ist ein historischer Platz in Wien, der zum Gelände der Hofburg gehört. Der Bundespräsident residiert ums Eck, der Bundeskanzler gegenüber, am Ballhausplatz. Berüchtigt ist der Heldenplatz, weil hier Adolf Hitler 1938 vom Balkon der Neuen Burg aus den versammelten Frenetikern „den Eintritt (s)einer Heimat in das Deutsche Reich" verkündet hat.

Seinen Namen hat der „Heldenplatz" von den beiden Feldherrndenkmälern, die ihn bewachen. Das ältere stellt Erzherzog Karl dar, es diente der militärischen Glorifizierung der Dynastie. Das Standbild ist statisch einzigartig und insofern bemerkenswert, als das Pferd ausschließlich mit den beiden Hinterbeinen auf dem Podest steht. Anton Dominik Fernkorn, Schöpfer des aufsteigenden Rosses, ist über der Angst, das zerbrechliche Denkmal könnte einstürzen, irre geworden und bald darauf verblichen. Der Reiter steht österreichischerweise bis heute stabil auf seinem Posten. Sein Gegenüber vor dem nicht gebauten nordwestlichen Flügel der Neuen Hofburg stellt Prinz Eugen dar, dessen Standfestigkeit etwas weniger bedroht ist. Der Gaul von Eugen, dem edlen Ritter, stützt sich ja auch noch auf seinen Schwanz.

Seit Jahrzehnten findet auf dem Heldenplatz anlässlich des österreichischen Nationalfeiertags am 26. Oktober eine Werbeveranstaltung des österreichischen Bundesheers statt. Alternde Panzer, historische Hubschrauber und blutjunge Rekruten in olivgrünen Uniformen finden sich zu einer patriotischen Mischung aus Militärparade, Jahrmarkt und Grillfest ein. An keinem anderen Ort wird das zerbrechliche Wesen der österreichischen Identität so deutlich greifbar wie auf dem Wiener Heldenplatz, jener monumentalen Anlage zwischen der ehemaligen kaiserlichen Residenz und der großbürgerlichen Ringstraße. Ursprünglich als Weihestätte imperialen Selbstbewusstseins konzipiert, steht der Heldenplatz heute im kollektiven Bewusstsein der Österreicher, mehr aber noch in jenem der Wiener, als Symbol für den „Anschluss" oder, um die Sache beim Namen zu nennen: für die zustimmende Haltung breiter Teile des Landes zum Nazi-Faschismus.

Der Heldenplatz als Ort für die symbolische Vermählung des Führers mit seinem Heimatvolk wurde von der Propagandamaschinerie der Nazis sorgfältig gewählt. Am 15. März 1938, drei Tage nach dem Einmarsch in Österreich, „meldete" ein kleiner Mann in durchfallbrauner Uniform unter dem Jubel zehntausender Menschen den „Anschluss". Die Wochenschau-Aufnahmen dieses Ereignisses mit den Bildern der grotesken Begeisterung zählen zum Gedächtnis des Landes.

Viele Jahre lang hing in dem Lift, der vom Souterrain der Nationalbibliothek aus in den Balkonstock der Neuen Hofburg führt, eine kleine Messingtafel. Darauf stand zu lesen: „Lift nicht ohne Führer benützen." Der Treppenwitz dabei: Hitlers Ansprache-Location war kein Heldenbalkon, sondern bloß das Vordach der kaiserlich königlichen Kutscheneinfahrtshalle.

BALKON ZWEI. BUNDESKANZLERAMT

Im Rahmen der Mythologie des Heldenplatzes konnte die Wirkmächtigkeit des „Anschlusses" erst wieder ein Ausschluss löschen. Für Aufruhr und Entrüstung in Stadt und Land sorgte das Urteil des Präsidenten des Internationalen Olympischen Komitees, Avery Brundage, den Tiroler Skifahrerhelden Karl Schranz wegen eines Verstoßes gegen die Amateurbestimmungen von den Olympischen Winterspielen in Sapporo, Japan, auszuschließen und nach Hause zu schicken.

Im Dienstwagen von Unterrichtsminister Fred Sinowatz fuhr Heldenheimkehrer Schranz am 8. Februar 1972 in einem Triumphzug vom Flughafen Richtung Innenstadt. Hunderte Autofahrer schlossen sich dem Konvoi an, der zeitweise mehrere Kilometer lang gewesen sein soll. Karl Schranz stand aufrecht in seinem Wagen, ganz wie einst der Braunauer Gefreite.

Es hatte zwei Grad plus und es nieselte. Gegen 14 Uhr erreichte die Wagenkolonne den Ballhausplatz. Im Bundeskanzleramt wurde Karl Schranz von Kanzler Bruno Kreisky erwartet. Der Regierungschef ermunterte ihn, sich auf dem Ballhausplatz-Balkon der jubelnden Menge zu zeigen, weigerte sich aber anfangs, ihn dabei zu begleiten. Erst als

Schranz zum dritten Mal auf den Balkon trat, gelang es dem Pistenidol, Kreisky zu überreden, gemeinsam die Ovationen mit „Karli"- und dann auch „Kreisky"-Rufen entgegenzunehmen. Kreisky sei es dabei kalt über den Rücken gelaufen, wie er später dem ORF-Generalintendanten Gerd Bacher verriet.

Den Heldenplatz und dessen Balkon reinigte der Engel der Geschichte erst später. Die Reconquista des Hofburgbalkons gelang dem Holocaust-Überlebenden und Friedensnobelpreisträger Elie Wiesel, der am 17. Juni 1992 anlässlich des „Konzerts für Österreich" von André Heller auf den Balkon geführt wurde und dort eine kleine Rede hielt. Die Veranstaltung, bei der eine Vielzahl österreichischer und internationaler Künstler gegen jegliche Verharmlosung des Nationalsozialismus, der Fremdenfeindlichkeit, gegen Ausländerhass und den Niedergang der politischen Kultur, kurz gesagt gegen Jörg Haider, auftraten, hatte vergleichbar große Mengen versammelt wie seinerzeit Schranz.

BALKON DREI. BELVEDERE

Jede Österreicherin, jeder Österreicher kennt die Szene. Leopold Figl tritt mit dem frisch gesiegelten Staatsvertragsband auf den Belvederebalkon und schmettert den Satz „Östarech isd freh" in die kochende Menge.

Nur: So war es nicht.

Die kollektive Erinnerung, nach der Figl die Worte „Österreich ist frei" am Balkon des Belvedere mit dem Staatsvertrag in Händen gesprochen hat, ist fromme Legende. Die Worte des damaligen Außenministers Figl fielen entgegen der weit verbreiteten Meinung am 15. Mai 1955 nicht auf dem Balkon, sondern drinnen, vor geladenem diplomatischen Auditorium, im Marmorsaal.

Rekonstruieren wir die Szene: Auf vier Barocktischen, bespannt mit rotem Filztuch, stehen vier Leuchter mit je sieben gelben Kerzen und Blumen in Vasen. Sie dekorieren das Hauptrequisit, einen Foliant, in grünes Leder gebunden. Es handelt sich um den Staatsvertrag mit seinen viersprachigen Übersetzungen zu je etwa siebzig Seiten.

Neun Staatsmänner nehmen Platz. Ganz links der sowjetische

Außenminister Wjatscheslaw Michailowitsch Skrjabin genannt Molotow (der Hammer). Neben dem Fäustel sein Nägelchen, der Hochkommissar und Gesandte der UdSSR, Leonid Iljitschow. Dann der kalte Krieger, US-Außenminister John Foster Dulles, flankiert von US-Botschafter und Hochkommissar Llewellyn E. Thompson Jr. In der Mitte thront Österreichs Außenminister Figl. Rechts neben ihm sitzt der spätere britische Premierminister, Außenminister Harold Macmillan, im Rolls Royce vorgefahren mit seinem Botschafter und Hochkommissar, Sir Geoffrey Arnold Wallinger. Ganz rechts der französische Außenminister Antoine Pinay und Roger Lalouette, stellvertretender Hochkommissar und Gesandter von Frankreich. Zwei Beamte reichen einem nach dem anderen den Staatsvertrag. Zuerst unterzeichnen der Hammer und sein Botschafter, dann Macmillan und sein Gesandter, dann Dulles und sein Hochkommissar und schließlich die beiden Franzosen. Erst jetzt signiert Leopold Figl. Mit grüner Tinte, seiner bevorzugten Unterschriftsfarbe. Dann wird neben jede Signatur ein großes rotes Siegel gesetzt. Figl siegelt mit seinem Privatring, er trägt die Initialen FL – Figl Leopold.

Es folgen unterschiedlich lange Reden. Die Ansprachen werden elektroakustisch in den Belvederepark übertragen. Punkt 12 Uhr mittags, während der Rede von Dulles, beginnen die Kirchenglocken zu läuten, darunter auch die Pummerin. Das Geläut war wohl für die Rede Figls gedacht gewesen. Der russische Außenminister hat schon das Champagnerglas hinter sich geworfen, als Figl in seiner vierminütigen Rede zum Ende kommt. Stolz streicht er über den vor ihm liegenden Vertragsband und erklärt, es zeige die große Tradition der österreichischen Handwerkskunst, dass dieselbe Firma, die bereits die Verträge des Wiener Kongresses 1815 gebunden hat, auch dieses neue Vertragswerk handwerklich ausgestaltet habe. „Mit dem Dank an den Allmächtigen wollen wir die Unterschrift setzen und mit Freude rufen wir aus: Österreich ist frei!" Mit dieser Feststellung setzt sich Figl.

Die Uhren zeigen 12 Uhr 15 – die Türen zum Balkon werden geöffnet. Die Menge jubelt. Alle Außenminister treten auf den dünnbrüstigen

Barockbalkon. Die Sekretäre des Bundeskanzlers, Franz Karasek und Ludwig Steiner, bringen Figl den Staatsvertrag, dieser schlägt die Seite mit den Unterschriften und den Siegeln auf und zeigt der tosenden Menschenmenge das Dokument. Auch österreichische Regierungsmitglieder treten nun auf den Balkon. Gewiss wird gesprochen hier. Ob auch nur irgendjemand ein Wort verstanden hat, darf bezweifelt werden. Mikrofone stehen jedenfalls keine am Balkon. „Wir haben ihn", schreit Figl, heißt es. Der sowjetische Außenminister Wjatscheslaw Molotow wirft Kusshändchen ins Publikum.

Das berühmte Tondokument „Österreich ist frei", das in der kollektiven Erinnerung dieser Szene anhaftet, wurde erst ein Jahrzehnt später für eine Radiosendung neu aufgenommen.

Nach einigen Minuten ist der identitätsstiftende Spuk zu Ende. Die Delegationen stärken sich bei Wein und Brötchen. Das Volk gibt noch keine Ruhe. Angeregt durch den Jubel treten die Außenminister nochmals auf, diesmal aber auf dem kleinen Seitenbalkon bei der Prinz-Eugen-Straße, sie reichen einander die Hände und winken der Menge zu.

Das diplomatische Monsterprogramm des Tages klingt offiziell gegen halb elf Uhr nachts in Schönbrunn aus. Die Wiener Philharmoniker spielen bei starkem Regen auf der Galerie die Kleine Nachtmusik, Ballettmusik von Tschaikowsky, den Donauwalzer und zuletzt den Radetzkymarsch.

WIENER (ER)NEN-NUNGEN

DER FIAKER

Michael Häupl wird gerne als Fiaker bezeichnet, weil er aussieht wie ein Fiaker. Ein Fiaker hat, ganz wie der Bürgermeister, einen gesunden Bauch, ein festes Wesen und einen guten Spruch. Und vor allem hat der Fiaker einen dichten, nicht zu geckenhaften Schnurrbart. Von der physiognomischen Grundausstattung steht also Michael Häupl den Lohnkutschern so nahe, wie einst Viktor Klima den Frisören oder Helmut Zilk den Oberlehrern.

Die Bezeichnung „Fiaker" selbst hat durchaus internationales Format. Das Wort stammt weder aus Brünn, noch aus Prag, weder aus Budapest noch aus Krakau, sondern aus Paris. Es rührt von einem Haus zum heiligen Fiacrius (Hotel St. Fiacre), das im 17. Jahrhundert in der Rue Saint-Antoine stand, und das auf der Stirnseite ein Bildnis des Heiligen führte. Hier wohnte zur Zeit Ludwig des XIV. ein gewisser Nicolas Sauvage, der im Jahr 1650 das Sonderrecht erwarb, Lohnkutschen zu halten, die von nun an ihren Stand beim Wirtshaus zum Heiligen Fiacre hatten. Es wurde in Paris bald üblich, Mietkutschen als „Wagen des Heiligen Fiacrius" (voitures de Saint Fiacre) oder einfach als „fiacres", Fiaker zu bezeichnen. Danach wurde „Fiaker" der Name für alle in größeren Städten mit zwei Pferden bespannten Mietfuhrwerke. Die Wiener Fiaker hatten in der vorautomobilen Zeit durchaus eine emotionelle Befindlichkeit, wie wir sie heute von Taxifahrern und im gegenständlichen Fall vom amtierenden Bürgermeister kennen.

GLEIS-BEHM UND ISOLIERTE

In der Welt von Bim und Bus sind die p.t. Fahrgäste zur Passivität verdammt, der Fahrer ist der King. King allerdings würde kein Wiener sagen, denn der Wagenlenker heißt „Dramwehschaföa" (Tramway-Chauffeur) oder „Busschaföa" (Bus-Chauffeur). Intern bezeichnen sich die beiden Formen der Öffipilotierung als „Gleis-Behm" und „Isolierte". Der Ausdruck „Gleis-Behm" (Gleis-Böhme) ist eine Analogie zu „Ziegel-Behm" und bezeichnete im späten 19. und frühen 20. Jahrhundert Lokomotions-Arbeiter aus den Kronländern Böhmen und Mähren. „Gleis-Behm" waren bei Bau und Erhaltung des Wiener Straßenbahnnetzes beschäftigt. Bis in die 1950er-Jahre waren als „Gleis-Behm" auch die, vom Wienerliedersänger Turl Wiener besungenen, „Tramwayschienenritzenkratzer" bekannt. Diese waren (meist ungelernte) Arbeiter, die die Straßenbahnschienen sauber hielten, indem sie mithilfe einer stockähnlichen Spezialschaufel oder eines kurzen und steif gebundenen Rutenbesens, der am anderen Stielende ein zugespitztes Flacheisen trug, den Schmutz entfernten. Diese Schienenkratzerei war besonders an den Weichen notwendig. Nach der Reinigung wurden die Weichen, aber auch Kurvenstücke, mit einer Schwemme aus Wasser und Graphitpulver ausgegossen, um einerseits ein leichtes Funktionieren zu gewähren und andererseits ein quietschendes Geräusch beim Befahren zu verhindern. Heute werden statt der „Gleis-Behm" Schienenreinigungsfahrzeuge eingesetzt.

Mit dem Ausdruck „Isolierte" bezeichnen die Angehörigen der Wiener Linien ihre Kollegen Bus-Chauffeure. Die Isolierten sind isoliert, weil sie auf Gummireifen fahren, während die Metallräder der Straßenbahn dazu dienen, den über die Oberleitung aufgenommenen Strom über die Schienen abzuleiten (und somit unter Strom stehen). Bimbim!

SCHANI UND HANSL

„Geh, Schani, trog in Goatn ausse", sollen die Wiener Wirten angeschafft haben, wenn der fortgeschrittene Frühling ein Verweilen am Trottoir vor der Gaststätte notwendig machte. Mit Schani bezeichneten sie jenen jungen Mitarbeiter, der ungeachtet seines wirklichen Vornamens ein „Schickbua", ein „Jean", ein Diener war. Wie so oft gibt es aber auch zu dieser diffusen Etymologie ein geschichtliches Substrat. Demnach ist der Schanigarten, die typische Errungenschaft des Wiener Kaffeehauses italienischen Ursprungs. Im 18. Jahrhundert hat der Kaffeesieder Giovanni „Schani" Taroni Tische und Stühle vor sein Café am Graben gestellt, um den Gästen die Möglichkeit zu geben, ihren Kaffee oder ihre Getränke im Freien einzunehmen. Diese Innovation war ein voller Erfolg und blieb nicht ohne Nachahmer. Ein anderer Schani, Giovanni Milani, machte 1789 auf der Burgbastei ein „Limonadenzelt" auf, um das er im Halbkreis Tische und Sessel gruppierte. Das Kaffeehaus war stets gerammelt voll und innerhalb weniger Jahre hatten alle Kaffeesieder mit funktionierendem Geschäftssinn einen „Schani-Garten".

Ein anderer gastronomischer Atavismus dieses Vornamens ist der „Hansl", der letzte Rest im Glas. Der profane Ausdruck hat apokalyptische Wurzeln: Die Offenbarung des Johannes – sozusagen der „Hansl der Bibel" ist das letzte Kapitel des Neuen Testaments. Kein Wunder, dass der zweitbeste Freund des Wieners den selben Namen trägt, wie der Rest des Weines: Im biedermeierlichen Wien hieß der Tod simpel „g'scherter Hansl".

JACK AND JOE AND JILL

Während der Dreharbeiten zur Kriminalsatire „Kottan ermittelt" soll der noch unbekannte Hans Hölzel die Idee zu einem Song mit dem Titel „Der Kommissar" gehabt haben. Hölzel hatte in „Die Entführung", der 11. Kottan-Folge, den Keyboardplayer von Kottans Kapelle gespielt. Nach der Geburtstagsfeier von Lukas Resetarits, dem Darsteller des Major Kottan, sei der Text festgestanden, heißt es in einem „Kurier"-Artikel aus dem Jahre 1981. Die Text-Exegese von Falcos Welthit liefert ein vielschichtiges Bild. Neben dem Kommissar erwähnt Hölzel explizit und wiederholt die Namen Jack und Joe und Jill. Die drei sind die funky friends einer jungen Dame aus dem Milieu, „das Herz so rein und weiß", wie Falco singt, denn „jede Nacht hat ihren Preis". Erwähnter Joe hat einen Bruder namens Hip, alle gehören zu einer coolen Gang. „Sie rappen hin, sie rappen her, dazwischen kratzen's ab die Wänd". So zweideutig wie diese Textpassage – sie oszilliert zwischen dem Wiener Ausdruck für Sterben und dem Abkratzen von Wänden, um weißes Pulver zum Strecken von Kokain zu bekommen – sind auch die Konnotationen, die Falco in den Namen Jack, Joe und Jill versteckt hat. Hinter Jack verbirgt sich die Whiskeymarke Jack Daniels, hinter Joe der Joint. Etwas geheimnisvoller verhält es sich mit Jill. Damit ist „der Chill" und nach Auskunft von Zeitgenossen das Schlafmittel Mozambin gemeint. In einer anderen Lesart ist die Trias Jack, Joe und Jill die Entspannungsabfolge Masturbation (to jack off), das Rauchen eines Joes (Joints) und schließlich das Chillen. In einer ähnlichen Interpretation stehen Jack und Jill jeweils für die Masturbation von Männern bzw. Frauen. Hinter Hip, dem Bruder von Joe erkennen wie ein Amalgam aus Hip-Sein, Heroinismus und (black) Brotherhood. Jack und Jill wiederum kommen in einem englischen Kinderreim vor, der sich in einer der zahlreichen Deutungen auf die Guillotinierung von Ludwig XVI. (Jack) und Marie Antoinette (Jill) bezieht, in einer anderen auf eine Getränkesteuer-Idee des englischen König Charles, der in den 1640ern die Hohlmasse Jack (1/2 pint) und Gill (1/4 pint) verkleinerte. Für Falcos Poesiekollegen Shakespeare schließlich sind Jack und Jill Synonym für Mann und Frau. Drah di net um!

SCHURLI MIT DER BLECHHAUBE

Schurl ist die wienerische Form des Vornamens Georg. Auf windigem Wege kommt es vom französischen George, das der feinere Wiener gerne Schuasch aussprach – Schoasch kam wegen der Ähnlichkeit zu Oasch nicht immer in Frage. Die Blechhaube, die der Schurli trägt, erinnert weder an Kinderunfall noch an Radlerschutz, sie stammt vom Heiligen Georg, der als Ritter hoch zu Ross in Kirchenbildern und Schnitzplastiken oft mit Helm dargestellt wurde. Jedenfalls galt der christliche Märtyrer und Nothelfer Sankt Georg(ius), ein palästinischer Offizier in Diensten der Römischen Armee, neben einer Vielzahl von Berufen und Berufungen als Schutzpatron der Reiter und Ritter, der Soldaten und der Feuerwehrleute. Wann immer und wo immer in Wien behelmte Uniformierte zusammenliefen, riefen sie das Bild des „Schurl mit der Blechhaum" hervor, des Georgs mit dem Helm. Der Eilschritt von Stadtgurardia und Brandentschleunigern verschmolz volksetymologisch mit einem anderen Wiener Begriff, dem des „Schurlns", des schnellen Laufens. Das „Schurln" kommt nun nicht vom Heiligen und den ihm sanktusmäßig Schutzbefohlenen, sondern vom bairisch-österreichischen „schurren" – verwandt mit „scharren" und „scherren". Es bezeichnete ursprünglich das geräuschvolle Gleiten. Das gnadenlose Herumlaufen – wienerisch „Umanandaschurln" – verhalf dem legendären Fußballer Josef Degeorgi zu seinem Kampfnamen. Als Austrianer und Nationalkicker lief dieser stets als „Deschurli" aufs Feld.

Es wäre nicht Wien, wenn nicht das Heilige und Helmtragende, das Soldatische und Feuerwehrhafte, das Schnelle und Ballfüßige auch noch eine sexuelle Konnotation bereitstellte. Mit „Schurln", sich schnell bewegen, ist im Wienerischen auch der Koitus gemeint. Die Silbe „Schur" kommt auch in einem anderen Vorgang zu Ehre, der meist mit Eile einhergeht: „Dschuari" (oder „Bschuari") nennen Sprecher des Wienerischen das männliche Sperma. Die Samenspende kommt nach Ansicht der einen vom tschechischen Wort „čurati", pissen, nach Meinung der anderen von romani „djuuri", Suppe.

DER KARL

Im Wienerischen haben einige Vornamen Eingang in die Begriffswelt gefunden. Der Schani und sein Garten, der Hansl, der Schurl, die Liesl und nicht zuletzt der Koarl. Die Etymologie des Ausdrucks ist nur scheinbar geklärt, seine Bedeutung oszilliert im Wesentlichen um Emotionen, die das Hochdeutsche mit dem Wort „Spaß" beschreibt. Die gängigste Interpretation will den Karl oder Koarl von einem 1781 in der Leopoldstadt gegründeten Lustspieltheater ableiten. Die Volksbühne wurde unter seinem Impresario, dem Regisseur und Schauspieler Carl Bernbrunn vulgo Carl Carl (einem gebürtigen Krakauer) zum Synonym für ein „Theater", für einen „Koarl".

Nicht zu Unrecht: Im Koarl- oder Carl-Theater sollte auch der berühmteste aller Wiener Unterhaltungskünstler unsterblich werden, Johann Nepomuk Nestroy. Das ist die eine Seite der etymologischen Medaille. Das Avers stammt wie vieles im Wienerischen aus dem Jiddischen. Das Hebräische Wort „Kol" oder „Qol" heißt Stimme, (An-)Sprache – zugleich aber auch „das Leichte" und „alles was überhaupt ist". In Deutschland hat sich die Bedeutung im Ausdruck „Kohl zu reden", also „Unsinn von sich zu geben" erhalten.

DAS LEO

Über die weitreichende regionale und soziale Verbreitung des Fangenspiels gibt es weniger Diskussionen als über die Kenntnis des Wortes „Leo" für ein spieltechnisches Freimal. Im deutschen Sprachraum kursieren zahlreiche, sehr unterschiedliche Bezeichnungen für das Asyl im Fangenspiel. Das erwähnte „Leo" wird traditionell als Kurzform von Lepod, Lepoid oder Leopold begriffen und mit dem Babenberger Leopold VI., genannt der Glorreiche, Herzog von Österreich und der Steiermark, in Verbindung gebracht. In dieser Etymologie wird wahlweise der damaligen Kirche als auch dem Landesherrn ein Asylrecht zugesprochen. Als sagenhafte Freimale werden ein Stein vor der Schottenkirche und ein Ring am Stephansdom als spezifische, asylauslösende Abklatschorte erwähnt.

Trotz der bestechenden Evidenzen scheint es sich bei der Verbindung des „Leo" im Fangenspiel mit dem Babenberger Herzog um ein volksetymologisches Konstrukt zu handeln. Größere Wahrscheinlichkeit dürfen wir einer Herkunft zusprechen, die eine Verwandtschaft des Leo mit dem mittelniederdeutschen „le(he)" und dem altsächsischen „hleo" (in der Bedeutung „Schutz, Decke") sehen. „Le(he)" und „hleo" kommen vom gemeingermanischen „hlewa", schützender Ort, Obdach. Seglern ist das Wort freilich von „Lee" bekannt, der dem Wind abgekehrten, (wind)geschützten Seite des Schiffs. Über Zusammenhänge zwischen „Lee" und „lau" (mild, warm) diskutiert die Sprachwissenschaft noch.

Gendermäßig können wir auch Differenzierungen anbieten. So bezöge sich „der" Leo auf den Herzog, „das" Leo auf die Funktion des Obdachs. Das ursprüngliche Uraltwort zu „Leo", „hleo" und „hlewa", war jedenfalls feminin. Die Leo also.

DAS BANKERT UND DER PAMPERLETSCH

Das Wienerische ist ein Schmelztiegel von Mentalitäten und Sprachen. Tschechisches hat sich hier mit Alemannischem vermischt, Ungarisches mit Süddeutschem, Rumänisches mit Polnischem und Italienisches mit Jiddischem. Die Kombinationen sind vielfältig, die Zahl der Amalgame groß. Als „Båmpaledsch" (etwas wackelig als „Pamperletsch" eingedeutscht) versteht man in der Schnitzelstadt ein Kleinkind. Die Bedeutungsfarbe des Ausdrucks oszilliert zwischen lieb-entzückend und lästig-ungezogen. Trotz der slawischen Anmutung des Wortes lassen sich zwei Herkunftsstränge völlig unterschiedlicher etymologischer Richtung ausmachen. So soll der „Båmpaledsch" nach Lehrmeinung der einen eine Weiterbildung zum bairisch-österreichischen „Båmpa" sein, das (mit vielen Nebenbedeutungen) ein kleines rundes Ding bezeichnet. Als „Bampal" (ohne „å") verstehen die Sprecher des alten Wienerischen die Kinderei, das dumme Zeug, den groben Unfug und (trotz Verkleinerungsform) auch einen ausgewachsenen, täppischen, dummen Kerl. Mit tschechisch klingenden Anhängsel und unter Einwirkung der Vokabel „ledschad" (weich, nachgiebig) wurde aus dem Mundartwort „Bampal" der multilingual schillernde „Båmpaledsch".

Es geht aber auch einfacher. Nach anderer Theorie kommt unser Ausdruck vom italienischen „bamboleccio", der dialektalen Verkleinerung von „bambino" (Kind). Die Italienerin in der Autorin präferiert diese Deutung. Sollte die Conclusio zu unserer Causa zu romantisch sein, darf eigener und fremder Fortpflanz auch als „Budsal" (Putzerl), „Budse" (Putzi), „Frotss" (Fratz), „Boig" (Balg), „Rodsbippm" (Rotzpippe), „Bauksal" oder „Gfrasd" bezeichnet werden. Es geht noch weniger romantisch: Mit dem derben Ausdruck „Baungad" (Bankert, vom mittelhochdeutschen „Banchart") bezeichnet der Wienermund das auf der Bank der Dienstmagd gezeugte uneheliche Kind. Bussi.

DER G'SÖCHDE OFF

In Gerhard Bronners legendärer Boogie-Woogie-Persiflage „G'schupfter Ferdl" – sie beschreibt die farbenreiche Geschichte eines Raufhandels in der Tanzlokalität Thumser in Wien-Neulerchenfeld – findet die Verbalinjurie „G'söchda Off" (geselchter Affe) prominent Gehör. Während des „g'schtrampften Tschitabags" (des gestrampelten Jitterbugs), gespielt von Charlie Woprschaleks Golden Boys aus Hernals, tanzt Liedheld Ferdl (Ferdinand) mit seiner Freundin Mitzi (Maria) Wasdabdschik: „Das Saxophon das imparovisiat. Die Nummer: Ei kenn gif ju änising bat loff. Beim letztn Ton, do hod a se g'irrt. Worauf da Ferdl sagt: Des is a g'söchta Off!" Angesprochen fühlt sich nicht der Tanzmusikant, sondern ein nebenan tanzender junger Mann, dem Ferdinand einst die Mitzi ausgespannt hat. Der geselchte Affe beißt Ferdinand in die Nase, worauf dieser dem Gegner mit einem leichten „Stessa" (einem Stoß) antwortet: „Durch diesen Stessa fliegt der durch das ganze Tanzparkett – am andern Ende pickt er traurig an der Wand." Es entspinnt sich ein Raufhandel, in dessen Folge Ferdinand von einer Übermacht malträtiert wird. Die kurzbleibenden Schäden, ein blaues Auge und Schwerelosigkeit behandelt der „g'schupfte" (der verrückte) Ferdl mit kalten Umschlägen und dem Schmerzmittel Pyramidon.

Das wienerische Schimpfwort „G'söchta Off" hat einen Begleiter im „g'söchten Haring" (Hering) und in der „g'söchtn Gösn" (Gelse). So werden dürre und hagere Menschen bezeichnet, wird doch „G'söchtes" (Geselchtes) durch den Räuchervorgang dürr und schrumpelig. „G'söcht" kann, wie „bochn" (gebacken), „woam" (warm) oder „g'haadsd" (geheizt) auch ein Hüllwort für schwul sein. Bisweilen werden auch „Franke" (franke, also straighte, nichtschwule) als „G'söchte" bezeichnet, etwa Polizisten und starke Raucher. „Off" (Affe) schließlich gibt einen Hinweis auf soldatensprachliche Beleidigungstraditionen.

WAPPLER, DILLOS, KOFFER

Eine prominente Position im Vokabular des Wienerischen nimmt der Wappler ein. Mit einiger Wahrscheinlichkeit kommt das beliebte Pejorativ aus dem Lateinischen, vom Verb „vapulare", geschlagen, gezüchtigt werden, Schläge, Prügel, ja auch eine Schlappe bekommen. Ob der Ausdruck über studentische Sprache oder über das Rotwelsch ins Wienerische gefunden hat, ist unklar. Bei ähnlichen Begriffen vom Grund sind die Traduktionen hingegen bekannt. Der Wiener Terminus „Dillo" für Trottel, Blödian schriebe sich eigentlich „Dilo", denn er kommt aus dem Romani, wo „dilo" soviel heißt wie dumm, blöd, verrückt, schwachsinnig, auch taub und stumm – und der „Dilo" schlicht ein Verrückter, Irrer ist.

Eine andere, ganz und gar ungermanische Herkunft hat das derbe Schimpfwort „Koffer", mit dem im Wienerischen weder das Reisegepäck noch der Darmwind gemeint ist, sondern der Dummkopf. Das Wort „Koffer" hat seinen Ursprung im Rotwelschen, wo der „Kaffer" der Bewohner des Kaffs ist, einer kleinen, langweiligen Ortschaft. In die Gaunersprache kam der Ausdruck für Bauernschädel, Blödkopf, ungebildeter Kerl vom Romani-Wort „gaw" für Dorf. Ein älteres rotwelsches Wort „kefar" (ebenfalls Dorf), hat die Lautform wohl mitbestimmt, es kommt vom westjiddischen „kefar" und dieses vom hebräischen „kAfAr", soviel wie Dorf.

Wollten Sie politisch korrekt sein, wäre Idiot kein böses Wort, kommt es doch vom griechischen ἰδιότης (idiótes) – und heißt nichts anderes als Privatperson.

DIE PANIER

Das Wienerische hat die Gabe, aus komplizierten Sachverhalten einfache zu machen und aus einfachen komplizierte. Es bedient sich dabei einer Vielzahl fremdländischer Ausdrücke, die es über die Kaskaden der Wienerzungen gurgeln lässt, in der Vorstadt als funkelnde Fontänen ausspeit, die in dichtem Nebel der Alltagssprache zerstäuben, um später in Wörterbüchern und Lexika zu kondensieren und irgendwann als Rinnsal in den Gully des Vergessens zu tropfen.

Die Panier ist so ein Wort. Sie bezeichnet den Anzug, die „Schoin" (die Schale), die Uniform. Der Ausdruck zeichnet das Bild einer in Bröselteig gebackenen Kalbfleischschnitte, das wohlfeil panierte Schnitzel. Dessen Kruste heißt küchentechnisch Panade. Das Panieren – außerhalb von Küchen kann damit von der Ohrfeige bis zum Ländermatch jede Form der Gegnerdemütigung bezeichnet werden – kommt vom französischen „paner", mit Brotbröseln bestreuen, einer Ableitung von „pain" – Brot.

Die Schneiderkunst kennt „das Panier" aus der Zeit der Reifröcke, damit wurden die weit ausladenden Konstruktionen jener Superhüften bezeichnet, wie wir sie von Marie Antoinette und ihren Freundinnen kennen. Die Form erinnerte an die damals auf Märkten verwendeten Hühnerkörbe, daher der Name Panier – das französische Wort für Korb.

DIE FETTN

Als „fett" gilt in Wien, wer betrunken ist. Das Wort wird für urwienerisch gehalten, stammt aber gar nicht aus unseren Breiten. Es ist mit der Lutherbibel aus dem Norddeutschen eingewandert und heißt im Süden des deutschen Sprachraums heute noch „feist". Fett, im Sinne von „dick" hieße in Wien „blad", Küchenfett „Schmoids" (Schmalz). Weil die Radiergummis (Radetzkys) früherer Zeiten weich und fetthältig waren, hat sich der Ausdruck „Fett wie ein Radierer" etabliert. Warum der fette Radierer mit dem Ausdruck schweren Betrunkenseins assoziiert wird, hat ganz andere Gründe. „Fett", also betrunken, kommt vom französischen „effet", dem Effet der Billiardspieler. Damit wird jene Eigenrotation bezeichnet, die angespielte Kugeln, je nach Spin, in Bögen, kürzer oder länger laufen lässt. Von dieser, hiesigen Karambolspielern bestens bekannten und häufig gebrauchten, „Fettn", dem Taumeln der Kugeln zum Taumeln der Alkoholisierten sind es nur ein paar Krügerl Bier.

Der Häusltschik (der Zigarettenstummel im Klo), der sich im Pissoir liegend „angesoffen" hat, ist ein weiteres Beispiel für die Ausweitung unseres Begriffs. Bezeichnet doch der Wiener einen stark Betrunkenen gerne als „fett wiara Heiseltschik". Gegenteile von „fett" sind nicht bekannt. Eventuell wolle man „niachtan wira Blei" sagen.

AN HAXEN AUSREISSEN

Viele Wiener sind besonders in ihrer Jugend darum bemüht „irgendwo anzureißen", im Idealfall gar „der Welt einen Haxen auszureißen". Später zeigt man Engagement und reißt sich für jemanden oder eine Sache „einen Haxen aus". Eine Maximalvariante des Gliedmaßenverlusts liegt im Ausspruch „sich einen Haxen abfreuen". Für viele übersteigt das allerdings ihre Möglichkeiten, Sprache in Bilder zu übertragen.

Die Haxe oder der Haxen (korrekt: „da Hagsn") wird von den Etymologen „Hachse" geschrieben. Die „Hachse", „Hechse", auch „Hesse" (wie der steppenwölfische Glasperlenspieler) bezeichnet den unteren Teil des schweinernen, kälbernen oder „rindernen" Beines. Auch die entsprechende menschliche Extremität kann Hachse oder Haxe genannt werden. In Skifahrerkreisen ist der eingegipste Haxen ein gängiger Begriff. Das althochdeutsche „hahs(e)na" bezeichnete aber nicht die Knochen, die ja als Wadenbein und Schienbein bekannt sind, sondern die Sehne – um genau zu sein, die Achillessehne. An dieser konnte das geschlachtete Tier aufgehängt werden. Die Hahs(e)na, Hach-Sehna ist also die Sehne der Hache, Hacke, der Ferse. Das Bild des Tatendurstigen, der sich anschickt, der Welt die Achillessehne auszureißen hat damit durchaus mythologische Qualität.

Ausgerissene Hachsen hatten die Schmiede. Hinkend konnten Hephaistos, Vulcanus und Wieland weder Esse noch Dorf verlassen. Das Bild des ausgerissenen Haxen dürfte allerdings eher mit dem Spanferkel und dem gebratenen Ochsen zu tun haben. Der Feiertagsköstlichkeit die knusprige und damit begehrte Haxe auszureißen, entspricht wohl eher dem sprichwörtlichen Sinn unseres Beispiels. Wann und wo die Variation mit dem Abfreuen der Fersensehne aufgekommen ist, muss unbeurteilt bleiben. Sinngemäß darf von einem Glücksausbruch von solch bemerkenswerter Amplitude ausgegangen werden, dass sich sogar bleibende orthopädische Schäden in Kauf nehmen lassen.

SCHIACH WIE DER ZINS

„Schiach wia da Zins" sagen die Wiener, wenn sie des Hässlichen gewahr werden. Zins, die monatliche Wohnungsmiete, ist auch bundesdeutschem Publikum verständlich. Woher aber kommt „schiach"?

Das Wienerische ist eine kleine, überaus raffinierte Zeitmaschine, das Ausdrücke bewahrt hat, die längst aus den deutschen Wörterbüchern gepurzelt sind. Das schüchterne Wörtchen mit der hässlichen Bedeutung kommt direkt aus dem späten Mittelalter. Noch im Mittelhochdeutschen hieß unser Adjektiv schiech, schieh und entsprach einer Bedeutungswolke, aus der es mal verzagt, mal abschreckend, mal zornig regnete.

Etymologisch kommt „schiach" aus der Sippe jener Wörter, die Ausländer mit lexikalischer Reiselektüre unter scheu (englisch „shy") fänden. Scheu selbst hieß zu Luthers Zeiten noch „scheuch", wird von Wienern heute aber schiacherweise „scheich" ausgesprochen. Ein saudiarabischer Potentat von bescheidener Schönheit und furchtsamem Wesen würde bei seinem Rundgang durch die Innenstadt durchaus als „schiacha, scheicha Scheich" bezeichnet werden.

ES SPIELT GRANADA

In Ankündigung einer wortreichen oder handfesten Auseinandersetzung dürfen wir im Anlassfall in voller Länge ausrufen: „Jedsd schbüd's Granada auf dreizehn schwoaze Bassgeigen!" Der schöne Spruch hat nur indirekt einen geographischen Zusammenhang mit der südspanischen, von den Phöniziern und Iberern Iliberra genannten Stadt. Vielmehr bezeichnet der Ausdruck die Angst des modernen Soldaten vor einem Granatenhagel. In seiner heutigen Version bezieht er sich auf das 1932 vom mexikanischen Komponisten Agustín Lara über die spanische Stadt geschriebene Kunstlied „Granada". Der Gassenhauer gehört zum Standardrepertoire moderner Tenöre. Fritz Wunderlich, Joseph Schmidt, Plácido Domingo, José Carreras und Luciano Pavarotti hatten das Lied ebenso in ihrem Repertoire wie die Schnulzenheinis Bing Crosby, Trini Lopez, Frank Sinatra und James Last. Es gibt Versionen des Jazzpianisten Brad Mehldau, eine Einspielung des Chors der Roten Armee und eine Interpretation des Flamencoartisten Paco de Lucia. Dem Furor des Sprichwort-Inhalts dürfte die Pop-Version der Disco-Schnepfen Baccara am nächsten kommen.

Die Granate ist ein hohles Geschoß, mit Sprengstoff oder anderen Wirkmitteln gefüllt. Die Wurfbombe heißt so wegen der Ähnlichkeit mit dem Granatapfel (italienisch granata). Der Granatapfel oder Grenadine (Punica granatum) wächst als fleischige Beere mit harter orangeroter Schale auf sommergrünen kleinen Bäumen und hat mit Krieg und Gesang wenig im Sinn. Ihren Namen hat die saftreiche Frucht von den fleischig ummantelten Samenkörnchen, lateinisch grana. Das Symbol für Leben und Fruchtbarkeit hat laut Bibel 613 Kerne, genauso viele wie das Alte Testament Gesetze. Zwei Reihen Granatäpfel schmückten die Kapitelle der beiden bronzenen Säulen Jachin und Boas, die ehernen Wächter vor dem Salomonischen Tempel.

OASCHLECKEN UND KLAVIERSPIELEN

Der schöne Ausdruck „ums Oaschlecken" (bundesdeutsche Immigranten hören irrigerweise „Ohr-schlecken") befindet sich in Dekadenz und war im Wien vor der Jahrtausendwende vor allem in der Nachbetrachtung städtischer Reisevorgänge nicht wegzudenken. Man habe den Zug, die Bim, die Stadtbahn „ums Oaschlecken derglengt" (erwischt) oder eben nicht, meinte, um die sprichwörtliche „Haaresbreite" rechtzeitig oder zu spät gekommen zu sein. Ums „Oaschlecken" als Synonym für die Knappheit eines zeitlichen Erreichens kommt von der Tourettefloskel „Leck mi am Oasch, des woa knopp". Unser „ums Oaschlecken" bezeichnet also just jene Zeitspanne, in der dieser freudige Fluch gerade noch ausgesprochen werden kann.

Wenn es nicht um kleine zeitliche, sondern um große qualitative Unterschiede geht, liegen wir nie falsch, den Ausdruck „ums Klavierschbün" zu benützen. Er ist die Verknappung der Feststellung „um den Untaschied mecht i Klavierschbün kennan" – um den Unterschied möchte ich Klavierspielen können.

ABORTSCHMUS UND HÄUSLSCHMÄH

Mit „Häuslschmäh" bezeichnet das Wienerische eine niedrige, billige, ja gewissermaßen hilflos stolpernde, am Ungenügenden scheuernde Variante des „Schmähs", jener hohen Kunst Wienerischer Dialektik. Der Häuslschmäh ist ein Schmäh, der metaphorisch (wenn auch nicht zwingend topographisch) in der Toilettenanlage, am „Häusl" dargebracht wird. Am Männerklo, wie die Genderwissenschaft anmerken würde – vornehmlich in der irritierenden Halböffentlichkeit eines Pissoirs. Zum Leidwesen vieler wird auch außerhalb der Herrentoilette Publikum für den Häuslschmäh vermutet.

Der Schmäh ist nur scheinbar verwandt mit der hochdeutschen Schmähung. Stadt-Novizen und mentalitätsgeschichtlich Außenstehende halten den Schmäh für einen abgeschlossenen Witz oder eine Pointe. Tatsächlich ist er eine pointierte und hochkomplexe Art des Sprechens und Denkens. An seinen Rändern apert der Schmäh in Gerede, Gefasel und Geschwätz, nicht selten in Täuschung und List aus.

Schmäh wird „geführt", den Schmäh lässt man „rennen", am Schmäh „hält" man Unbedarfte und Unterlegene. Wir kennen den „Schmähfiahra", den „Schmähbruada", den „Schmähtandla" und den Zustand ernsten Verstummtseins, das „schmähstad" sein. Sprachlich kommt der Schmäh über das Rotwelsche „Schmee" vom jiddischen „Schmue", „Schmuo", ja dem, was auch im Berlinerischen als „Schmus" bekannt ist. Im Rotwelschen und sehr tiefen Wienerischen hat sich noch das Zeitwort „schmeulern" für das Schmähführen erhalten. Schmäh und Schmus kommen beide (über das Jiddische) vom Hebräischen „Schemuá", dem Gehörten, dem Gerücht, der Neuigkeit. Auch eine nonverbale Form des Schmähführens dürfen wir zu unserer Wortgruppe zählen: Das Schmusen, jiddisch „schmuéßn", das sich Unterhalten.

DER RETTICH

In der „Häfenelegie", einem legendären, 1965 uraufgeführten autobiographischen Theatermonolog, verarbeitete Herwig Seeböck, profunder Kenner des Wienerischen, seine Erlebnisse in einem österreichischen Gefängnis, vulgo „Häf'n". Der Maler, Schauspieler und Kabarettist war beim Fensterln in einem Heurigenlokal, insgesamt einer harmlosen, aber „b'soffenen Gschicht", irrtümlich für einen Einbrecher gehalten worden. Wegen Widerstands gegen die Staatsgewalt während der Amtshandlung wurde er zu einigen Monaten Bau verdonnert. Das im Gefängnis kompilierte Stück konserviert eine Vielzahl von gaunersprachlichen Ausdrücken aus der Halb- und Unterwelt. In über dreitausend Aufführungen des Textes und einer Schallplatteneinspielung sind einige Begriffe in die bürgerliche Vokabelwelt übergetreten. In der „Häfenelegie" lernen wir, dass im Gefängnis das WC „Rettich" heißt! Wiederholt hatte man Seeböck im Häf'n zu verstehen gegeben, er solle sich in dasselbe, nämlich „in den Rettich hauen". Wie ist der Gefängnisabort zu diesem frugalen Namen gekommen?

Zunächst bezeichnet „Rettich" (lateinisch raphanus, von radix für Wurzel) die rübenförmige Wurzel einer krautigen Pflanze aus der Familie der Kreuzblütengewächse. Bei Besuchern des Wiener Biergartens Schweizerhaus steht die weiße Wurzel, wienweit „Radi" genannt, in hohem Ansehen. Man irrte, suchte man in Trichterform und Kanalanbindung des Gefängisklos Verwandtschaft mit der tiefsteckenden Wurzel. Kommt doch die Bezeichnung Rettich für den Abtritt aus gänzlich anderer Richtung. Nach geltender Lehrmeinung der Sprachforscher ist Rettich aus „Rediarád" bzw. „Rediaré" verschliffen worden, einem heute nicht mehr geläufigen, eleganten Ausdruck für das Klosett. Im ersten Fall kommt es vom französischen „retirade" (Zufluchtsort), im anderen vom damit verwandten „retiré" (zurückgezogen). Die sarkastische Qualität der Vokabel (der freistehende Gefängnislokus ist alles andere als ein Zufluchtsort) verbindet sich hier mit der olfaktorischen Qualität, die Urin und Rettichwurzel teilen.

WARUM DER WIENER
AUTO SCHREIBT

In Aufzügen und an Hausmauern fallen manchmal Kritzeleien auf, die sich in Semantik und graphischem Habitus von anderen Tags und Schmierereien unterscheiden. Vier Buchstaben fügen sich zum Wort AUTO. Welche Bedeutung hat dieses Kürzel? Das Signum tritt uns oft in Versalien entgegen. Immer ist das A eckig geschrieben, wie ein F, dem jemand ein rechtes Strichlein zugefügt hat. Und das hat jemand im Fall von AUTO auch. Und nicht nur das. Er oder sie hat immer auch noch ein O an das ursprüngliche Wort angefügt. Wir ahnen es, das ursprünglich an Aufzugwände, Türen, Kaugummiautomaten und auf ungeputzte Autoscheiben geschriebene Wort lautet: FUT. Die wienerische Fut (Mehrzahl: die Futen) ist verwandt mit dem deutschen Wort Fotze und bezeichnet das weibliche Geschlechtsteil. Schon im Altnordischen finden wir es als fuð (Scheide). Etymologisch fällt die Verwandtschaft mit Futteral und Futter (der Innenseite von Kleidungsstücken und Taschen) auf. Wir können die Bezeichnung auf das indogermanische „pah" (schützen, scheiden) zurückführen. Im Altindischen bezeichnet etwa „pātra" den Behälter, das Gefäß, im Hethitischen „pattar", „pattur", den Korb.

Zur Graffitierung von AUTO braucht es zwei, einander meist unbekannte Autoren. Beide sind in der Regel Wiener und arbeiten heimlich und unabhängig voneinander unter Anonymisierung ihrer Textherstellerschaft. Der/die erste Autor/Autorin begeht eine Tabu-Übertretung mit dem heimlichen, aber öffentlich gut sichtbaren Hinschreiben des Wortes FUT. Der/die Zweite fügt irgendwann, in tabu-respektierender Absicht, das Strichlein zum A, sowie den Buchstaben O dazu. Feinspitze schreiben AUTRICHE.

WIENER HÖHEN UND TIEFEN

WIEN UND DER BALKAN

Für Metternich war die Sache klar. Für ihn begann der Balkan schon am Rennweg. In strenger Deutung dieses Bonmots markiert der Hochstrahlbrunnen den Beginn des (heute prominenteren) Westbalkans, liegt er doch am Beginn der westlichen Straßenseite des Rennwegs. Auf der Route in Balkantiefen folgen westlicher Hand das Heldendenkmal der Roten Armee, das Sommerpalais des Fürsten Schwarzenberg, das Untere Belvedere, das Kloster der Salesianerinnen und schließlich der Botanische Garten der Universität Wien. Metternich wird indes auch anders kolportiert. Demnach handle es sich nicht um den Rennweg, sondern die Landstraße, und dort habe für Metternich nicht Europas Südosten begonnen, sondern gleich ein ganzer Kontinent. Asien nämlich. Treffsicherer erscheinen die Einschätzungen von Winston Churchill, er bezog sich auf den Balkan als geschichtlich-geographisches Kontinuum und nicht als ferne Kulisse für Polemik. Der Balkan, „Europas weicher Unterleib", wird der Britenpremier zitiert, produziere mehr Geschichte, als er lokal konsumieren könne.

Der Begriff Balkan soll von den Protobulgaren stammen, auf bulgarisch bedeutet das Wort „Berge". Es soll vom persischen Wort „bālkāneh" (hoch, oben) kommen, und während der osmanischen Herrschaft in die türkische Sprache übernommen worden sein. Die Balkanhalbinsel wird durch Adria, Ionisches Meer, Ägäis, Marmarameer und Schwarzes Meer begrenzt. Als nördliche Grenze werden Donau und Save angenommen, bisweilen auch die Luftlinie Triest-Odessa. Für Wiener ist seit jeher klar: „Der Balkan fangt bei uns an".

DAS WIENER GRÄTZEL

Viel und oft ist in Wien vom Grätzel die Rede. Wo liegt es, und ab wann wird eine Gegend sprachlich zum Grätzel, jenem ungenau begrenzbaren Stadtraum, der in anderen großen deutschsprachigen Städten schon ganz anders heißt – in Berlin, Hamburg oder Hannover bekannterweise Kiez, in Köln Veedel. Eine spürbare Vergrätzelungs-Konjunktur dürfen wir momentan dem Karmeliter- und dem Volkertviertel im 2. und dem Servitenviertel im 9. Bezirk bescheiden, etwas ruhiger geht es im Freihaus- und Schleifmühlviertel im 4. Bezirk zu. Als saturiert gelten der Spittelberg und jene Gebiete im 7. Bezirk, die inzwischen als Boboville firmieren. Naschmarkt und Bermudadreieck befinden sich urbanistisch gesehen in Narkose.

Der Name Grätzel, in den 1970er-Jahren vom damaligen ÖVP-Wien-Chef Erhard Busek und seinen „Bunten Vögeln" ausgegraben, wird gerne vom mittelhochdeutschen „Gereiz", verwandt mit dem Verb „reißen", in der Bedeutung „Umkreis" abgeleitet. Eine undeutliche Bestätigung dieses möglichen Ursprungs liefert die Bezeichnung „Gereut" für Wüstungen (aufgelassene Ortschaften) aus dem 14. Jahrhundert in den Gegenden um den Heumarkt und beim Stubentor. Größere Wahrscheinlichkeit für die Herkunft des Begriffs Grätzels hat aber eine andere Etymologie. Im Slawischen bezeichnet „grad" Burg oder Stadt, allgemein eine eingefriedete Fläche. Verwandte Wörter sind unser Garten (lateinisch hortus), sowie der englische yard (Hof). Die Verkleinerungsform zu „grad" ist „gradec", der befestigte Ansitz, Ort, die kleine Burg. Im slawisch-deutschsprachigen Übergangsraum führte das zu Formen wie Graz, Gratz, Grätz. Die Wiener Bezeichnung Grätzl, Grätzel, Gretzel ist nichts anderes als die Verkleinerung dieser Verkleinerung – und damit das, was wo anders das Viertel ist, das Quartier, der Borgo, der Barrio, die Neighborhood. Yo!

WEGE IN GASSEN UND STRASSEN

Immigranten aus Bundesdeutschland oder den Staaten beklagen gerne, der Unterschied zwischen Gassen und Straßen in Wien sei für sie schlicht undurchschaubar. Dabei ist die Sache doch ganz einfach. Straßen sind lang und breit, sie führen wohin. Gassen sind eng und kurz, sie verbinden Straßen. So weit so gut, wir blicken hier auf ein Ideal. Die Straßennamen, wie sie uns heute von den Straßenschildern, aus dem Stadtplan, meist aber wohl aus Google-Maps entgegenlachen, haben die Toponomastik-Usancen vieler Jahrhunderte eingefroren.

Märkte, Plätze, Auen und Länden sind weder Straßen noch Gassen, auch darüber scheint keine Sonne des Zweifels. Was aber ist ein „Werd", eine „Hülben", was eine „Lüsse"? Sind das Straßen? Gassen? Plätze? Der Werd, ein mittelhochdeutsches Wort für Flussinsel, ist nur mehr historisch als solcher erkennbar, ähnliches dürfen wir für die Hülben (oder Hülm) sagen, die einen Tümpel bezeichnet. Eine „Luß" gar, Mehrzahl Lüsse, bezeichnet schließlich ein Feld, das der Grundherr dem Lehenbauern durch Losentscheid zuteilen ließ.

Zurück zu Straßen und Gassen. Die Straße, althocheutsch „strāza", kommt von der lateinischen „via strata", dem gepflasterten Weg. Oft ist sie älter als der Ort, der an ihr liegt. Sie führt nach Krems, Brünn, Prag, Kärnten, Triest, wie die so bezeichneten Straßen, allerdings nicht nach Holland, Argentinien, München oder Dresden. Es ist also doch kompliziert.

Noch komplizierter begegnet uns die Tatsache, dass oft ein und dieselbe Straße innerhalb Wiens den Namen wechselt. Berühmtestes Beispiel dafür ist der Fernstraßenzug Triesterstraße – Wiedner Hauptstraße – Kärntnerstraße – Rotenturmstraße – Taborstraße –Brünnerstraße, ein Ast der Bernsteinstraße. Oder die antike Ufer-Hochstraße Währinger Straße – Schottengasse – Herrengasse – Rennweg – Simmeringer Hauptstraße. Solches Travestie-Ungemach tun uns die Wiener Gassen (noch nicht) an.

Die Benennung der Wiener Straßenzüge folgt seltsamen, aber durchaus plausiblen Regeln. Weil Wien seit der Spätantike von einer Galaxie kleiner und kleinster Dörfer und Weiler umgeben wird, heißen Radialstraßen, meist nach dem Ort, den sie (aus Wiener Perspektive gesehen) als nächstes durchqueren werden oder nach einer topographischen Besonderheit an ihrem Weg. So führten Mariahilfer- und Gumpendorfer Straße jeweils nach Mariahilf oder Gumpendorf, wechselten, diese Orte erreichend, aber sofort den Namen. In Gumpendorf hieß die Gumpendorfer Straße nicht unlogisch Gumpendorfer Hauptstraße. Ähnlich verhält es sich mit der Landstraße, die immerhin einem ganzen Bezirk den Namen gibt. Konsequenterweise heißt die Landstraße im Ortsteil Landstraße Landstraßer Hauptstraße.

Als im Zuge der Schleifung der Stadtmauern das sogenannte Glacis (ein aus strategischen Gründen unbebauter Wiesengürtel um die Innere Stadt) bebaut wurde, gab man den Verlängerungen der alten Vorstadtstraßen der Mode der Zeit entsprechende Namen:

Die Universitätsstraße war die stadtseitige Fortsetzung der Alserstraße, die Stadiongasse die der Josefstädterstraße, die Volksgartenstraße jene der Neustiftgasse. Die Bellariastraße fungierte als verlängerte Burggasse, die Babenbergerstraße als Fortsetzung der Mariahilfer Straße, die Eschenbachstraße als jene der Gumpendorfer Straße. Die Operngasse war die verlängerte Margaretenstraße, die Fichtegasse die verlängerte Annagasse, die Weißkirchnerstraße schließlich die Verbindung von Wollzeile und Landstraßer Hauptstraße. Verwirrend? Gewiss.

BEZIRKSSPOTT UND STADTTEILHOHN

Das Wienerische hatte und hat als Schmelztiegel durchaus Bedarf an geographischen Schmähungen. Ganz abgesehen davon, dass Provinzler von den Wienern traditionell als „Großkopferte" sprechen, als „Scheißweana" und „Weana Bazi" (verkürzt aus der Figur des Lumpazivagabundus). Rufen wir uns ein paar Spottnamen aus dem Alten Wien in Erinnerung: So hieß man die Grinzinger wegen der dort erzeugten Blutwürste „Blunznstricka", die Sieveringer „Bochbrunza", die Nussdorfer „Wossarotzn" und die Oberdöblinger – wegen des dort einst grassierenden Milchschwunds – „Müchmarder". Die Pötzleinsdorfer galten als „Fisolenbauern", die Stammersdorfer als „Erdäpfelbehm". Wegen der steinreichen Seidenfabrikanten im heutigen 7. Bezirk, galt Lerchenfeld als der Diamantengrund. Die Bezeichnungen „Mazzesinsel" für den 2. Bezirk und „Boboville" für die gentrifizierten Teile innerhalb des Wiener Gürtels sind frischeren Datums.

ZWIEBELPARLAMENT UND ZITRONENHÜGEL

Wer im vor-psychiatrischen Wien „einen Vogel", „einen Huscher" oder den „Veitstanz" hatte, wer „narrisch" oder „g'schupft" war, geriet in Gefahr im Guglhupf zu landen. Eine moderne Version des Narrenhauses war der Zitronenhügel. Mit den sonnenliebenden Zitrusfrüchten hat der Begriff nichts zu tun. Biographische Episoden in Krankenhäusern, die sich mit der Behandlung psychiatrischer Probleme beschäftigen, sind auch heute noch stark tabuisiert, die Namen der Anstalten gelten daher als Codes. Man spricht von Steinhof (Wien), vom Wagner-Jauregg (Linz), vom Feldhof oder vom Sigmund-Freud (Graz), von Mauer-Öhling oder von Gugging (Niederösterreich). Frühere Zeiten waren roher und kannten explizite Ausdrücke wie Lunatisches Asyl, Tollhaus, Klapsmühle, Irrenhaus und Gummihütte. Das weltweit erste Spezialgebäude zur Unterbringung von Geisteskranken wurde 1784 in Wien erbaut. Wegen seiner runden Form bekam der fünfstöckige Narrenturm im Volksmund bald den Spitznamen Guglhupf. Einen ähnlichen semantischen Ursprung hat auch der Ausdruck Zitronenhügel. Er hieß am Beginn seiner Verbreitung in den Nervenkliniken Österreichs Lemoni- oder Limoniberg und bezeichnete ursprünglich die goldgelbe Kuppel der Otto-Wagner-Kirche am Steinhof, dem heutigen Sozialmedizinischen Zentrum Baumgartner Höhe – zum Zeitpunkt ihrer Eröffnung im Jahre 1907 das größte und modernste psychiatrische Krankenhaus Europas.

Baumgartner Höhe, Steinhof, Limoniberg und Zitronenhügel bezeichnen also alle dieselbe Lokalität. Wem dieser Namensfundus noch nicht genügen sollte, darf getrost zur gaunersprachlichen Version greifen. Häfenbrüder, immer begabt für alternative Ausdrücke, kennen für die Klinik Steinhof auch den Ausdruck Zwiebelparlament.

DER RING

Er ist die wichtigste Straße der Stadt. Und schon das ist ein Irrtum. Denn streng genommen liegt der Ring gar nicht in der Stadt. Und noch strenger genommen liegt er auch nicht außerhalb der Stadt. Jener Boulevard, den der Volksmund „Ring" nennt, ist eine bizarre Chimäre, die zwischen Cité und Faubourg liegt und nirgendwo hinführt. Ein Cingulum, das die Stadt vieleckig umkreist. Der Anus der Stadt. Nicht mal zur Revolution taugt er. Denn aus Angst vor marodierenden Bürgern (und wohl nach Konsultation eines Pariser Polizeipräfekten) wurde die Straße mit extra großen Granitwürfeln bepflastert, die wegen ihres Gewichts sogar die wütendste Umstürzlerhand nicht weiter als eine Gehsteigbreite weit werfen konnte.

Die Wiener Ringstraße müsste eigentlich Österreichische Ringstraße heißen, denn mit der Realisierung des gigantischen Projekts hatte der Kaiser den Innenminister betraut und diesem den gerade von ihm gegründeten Stadterweiterungsfonds unterstellt. Seine Aufgabe war es, die neu entstehenden Baugründe auf dem Glacis, dem ehemaligen militärischen Aufmarschgebiet rund um die Stadt, und jene Grundstücke, die das Schleifen der Stadtmauern und Basteien freigegeben hatten, parzellenweise an Großindustrielle zu verkaufen. Mit dem Erlös finanzierte das Innenministerium die geplanten habsburgischen Bauten – in der Reihenfolge ihrer Wichtigkeit das Kriegsministerium, zwei zur Unterdrückung allfälliger Revolutionsgelüste errichtete Kasernen, die Hofoper, das Burgtheater, das Parlament, zwei kaiserliche Museen und eine Universität. Für den kaiserlichen Staat war der Bau der Ringstraße ein gutes Geschäft, nicht jedoch für die Stadt Wien. Der traditionell habsburgerkritischen Kommune war nicht einmal Mitspracherecht zugestanden worden. Die Kosten für die Infrastruktur – der Bau der Kanalisation, Wasserversorgung, das Verlegen von Gas- und Stromleitungen, von Straßen und Straßenbeleuchtung, der Elektrifizierung der ursprünglich privaten Straßenbahn – mussten aus dem Gemeindebudget bestritten werden. Und die Kosten für den einzigen städtischen Repräsentationsbau musste Wien zur Gänze selbst aufbringen. Ein Wiener Rathaus war dem Innenminister nicht wichtig gewesen. Nicht ohne generalplanerische Pikanterie steht es nach hinten versetzt an der sogenannten Zweierlinie, nicht in der ersten Reihe. Das gute Geschäft für den Staat bezahlte die Stadt denn auch mit hoher Verschuldung.

Die Alma Mater Rudolphina ist ein imposanter Bau. Der Königspalast des Geistes steht in Sichtweite von Kaisers Gedächtniskirche, der Votivkirche. Der Wissensstadel hat eine Tennbrücke, wie man am Land sagte. Eine Zufahrtsrampe. Aber welche Ernte wurde dort eingefahren? Und welche im Parlament? Denn auch das Redehaus der Pallas Athene ist solch eine Tenne. War das für die Bauern gedacht, war das ein ihnen begreifliches Sinnbild für Erfolg und Zuwachs? Hofoper und Burgtheater können ebenerdig betreten werden. Ihr Zielpublikum war von Anbeginn an das Bürgertum. Hoflieferanten, Gewerbetreibende, Ärzte, Juristen und das Heer der Beamten.

Inventar des Rings waren nach 1945 nicht mehr die Dutzenden eleganten Cafés der Gründerzeit, sondern lethargische Nachkriegs-Greißlereien, die sich im Souterrain der staubigen Paläste eingenistet hatten, Bonbonnieren, Wurstsemmeln, Makrelen und Flaschenbier verkauften und nikotinsüchtigen Beamten überbrühten Kaffee und Cognac kredenzten. Im Sommer gab es hier Eis. Das Geld saß locker bei den unterzuckerten Schulkindern, in der Regel unterrichtet bei den Schotten, in der Wasagasse, auf der Stubenbastei und im Akademischen Gymnasium.

Der Ring dieser Zeit roch nach dem düsteren Parkettöl, das unter den Ritzen der Eichenportale hervorkroch, deren Messingschilder von Anwaltskanzleien, Speditionsunternehmen, Versicherungen kündeten. Und von dubiosen Vereinen, Kammern und Bünden, die stets das Wort „Österreichische(r)" im Namen führten. Und dann gab es noch zwei bizarre Geschäftsideen für Ringstraßen-Lokale: Den Autosalon und die Fluglinien-Niederlassung. Leer blieben beide.

Die Gehsteige waren in der festen Hand der Dackel-Besitzerinnen. Hagere Greisinnen mit Alkoholfahne, grünen Lodenmänteln und Hutmützen aus dem Modellgeschäft. Ihre Waldis, Strolchis, Lumpis und Dachsis waren heilig. Die Hundsviecher bellten und schissen, die Greisinnen keiften und die Alleebäume darbten. Die Beserlparks am Ring waren trockene Hundegackiwüsten. Nur Mutantengras hatte eine Chance. Bis der Lumpi draufwischerlte. Wie überhaupt der Ring ja noch heute den Tieren gehört. In der Innenspur der Hauptfahrbahn drehen die Fiaker ihre Runden. Und weil ihre Lieblingsstrecke zwischen Burgtor und Schottentor liegt, sollte man den Schanigarten des Café Landtmann nur bei strömendem Regen besuchen. Denn nur dann darf man sicher sein, die Melange nicht im Pferdeapfelstaub einzunehmen.

Dieser Teil des Rings, heute Universitätsring geheißen, war lange Zeit nach dem populären Antisemiten Karl Lueger benannt, wahlweise unter D wie Doktorkarlluegerring, K wie Karlluegerring oder L wie Luegerring in den Plänen vermerkt. Er führt am Burgtheater vorbei und am Volksgarten, wo er ein bescheidenes Doppelleben fristet als beschaulich-tantiger Rosenpark und als Soul-Fokus für tanzwütige Alt-Bobos. Hier haben mehrere Alterskohorten die Zenite ihrer Jugend begangen. Das Gegenüber dieser Örtlichkeit heißt Bellaria – italienisch für Gute Luft. Die gibt es hier auch wirklich: Gegen vier Uhr morgens, kurz nach Einsetzen des Vogelgezwitschers und wenige Viertelstunden vor dem Anrollen des Beamtenfrühverkehrs.

Die Gegend profitiert auch von anderen Umtrieben. Wann immer es substantiell zu demonstrieren gibt – es findet zwischen Heldenplatz und Universität statt. Das hat weniger mit der aufrührerischen Magie dieser Orte zu tun, als damit, dass hier keine gläsernen Geschäftsauslagen auf mitgebrachte Baumaterialien warten. Nächtlich lässt sich der Heldenring gut beleuchten. Am besten mit Privatkerzen. Dreihunderttausend davon geben schon was her. Soviel zählte man beim Lichtermeer am 23. Jänner 1993, der Großdemonstration gegen Jörg Haiders Politik der Ausländerfeindlichkeit.

Der Lichtermeerring ist kurz, aber er führt in ein anderes Aufmarschgebiet. Jenes für die kochende Anarchistenseele. Die entzündete sich jahrelang am spätwinterlichen Opernball-Publikum.

Kurz bevor der Ring die Singbühne erreicht, zweigt stadteinwärts die Goethegasse ab. Das kleine Gässchen hat innerösterreichische Weltberühmtheit erlangt durch eine einschläfernd-belehrende Fernsehserie namens Ringstraßenpalais, in der die Creme der österreichischen Seriendarsteller unser Bild der verschnarchten Beamtenbüropaläste nachhaltig beschädigte, indem es dieses durch das noch viel Schlimmere ersetzte: Das falsche Porträt des herzensguten Österreichers mit großbürgerlich-aristokratischem Stammbaum.

Hinter den Platanen bei der Oper dünnt das offizielle Repräsentationsprogramm der Gründerzeit-Palastarchitektur aus. Das Manegenrund der Stadt wurde ganz offensichtlich gegen den Uhrzeigersinn entworfen und sein Reigen bei fünf Uhr, dort wo jetzt das Hotel Imperial liegt, mangels Ideen für imperiale Prachtprojekte aufgegeben. Hier fasert der Ring inhaltlich aus. Dem verdankt das Gartenbaukino, Wiens größter Kinopalast, seine Existenz. Wienring müsste dieser Abschnitt heißen, fließt doch hier der namensgebende korsettierte und kanalisierte Stadtfluss. Ein Wienerwaldfluss, der sich in die Stadt verirrt hat.

Wollte man in Wien alleine sein, wirklich alleine, müsste man sich an den Schubertring bringen lassen. An einem trübseligen Novemberabend. Die Einsamkeit dieser Stadtgegend hat tragische Dimensionen. Nicht einmal Hunde werden hierher äußerln geführt. Aber eine Erinnerung von der anderen Seite des Glücks gibt es: Etwas weiter unten, am Stubenring, sperrte in den 1980er-Jahren ein Lokal auf, das für die Wiener Szene eine kurze Zeit lang Mittelpunkt der Welt war. Es hieß nach dem ganzen Irrtum: Ring.

DER SCHWEDENPLATZ

Wenn man so will, ist der Schwedenplatz der wichtigste Ort der Stadt. Der Ort und seine Lage ist der Grund, dass an dieser Stelle überhaupt eine Siedlung entstand. Wien gäbe es nicht, wenn sich nicht vor tausenden von Jahren hier ein Donauübergang etabliert hätte.

Der Platz, der heute Schwedenplatz heißt, ist ein magischer Ort, weil hier (und bei Carnuntum) eine der ältesten Straßen des Kontinents den größten Strom des Kontinents überquert. Diese Straße, bekannt als Bernsteinstraße, sie führt von der Adria an die Ostsee, war der eigentliche Grund für das Entstehen einer Siedlung an dieser Stelle.

Am heutigen Schwedenplatz überquerte die prähistorische Verbindung die Donauarme. Triesterstraße, Wiedner Hauptstraße, Kärntnerstraße, Stock-im-Eisen-Platz, Stephansplatz, Rotenturmstraße, Taborstraße und Brünnerstraße markieren diesen uralten Weg. Zwischen Genua und Bukarest war es nur an dieser Stelle möglich, den Alpen-Karpaten-Bogen in der Nord-Süd-Richtung passfrei zu überqueren. Das einzige große Hindernis auf dieser Straße war der Donauübergang. Bei Wien (und dem antiken Carnuntum) war er durch die Auffächerung der Donau in zahlreiche Arme möglich. Der Platz vor Wiens einziger mittelalterlicher Brücke über die Donau ist bei aller heutiger Hässlichkeit der Kristallisationspunkt eines großen Handelsplatzes. – Eine Gstetten, wie der Wiener entgegnen würde.

Die Stadt hat das Gedächtnis an seine Funktion bewahrt. Der Schwedenplatz, vielleicht sollte man ihm seinen ahistorischen Namen wieder wegnehmen, ist kein Versammlungsplatz, kein Marktplatz, sondern ein Umsteigeort, ein Transitplatz, ein schmutziger Platz, ein unruhiger Platz. Ein Handelsplatz.

INSEL, MAZZES, WERD

Das Gebiet des heutigen 2. Bezirks hat viele Namen. „Bobograd" ist einer davon. Der Ausdruck spielt mit der Erinnerung an die sowjetische Besatzung nach dem Zweiten Weltkrieg und mit der heutigen Nutzung der Insel als Schlaf-, Arbeits- und Fortgehstadt der Bobos. Mazzesinsel hieß die ehemalige Au in Anlehnung an die reiche jüdische Bevölkerungsgeschichte der Donauinsel. (Mazzes ist das traditionelle, ungesäuerte jüdische Brot.) 1625 hatte Habsburgerkaiser Ferdinand II. hier auf der Insel den Wiener Juden Raum für ein Getto zugewiesen, das Nachfolger Leopold I. bald und brutal zu räumen gebot. 1670 ließ er an Stelle der Synagoge die Leopoldskirche errichten. Seither heißt die Insellandschaft gegenüber der Stadt Leopoldstadt. Jüdisches Leben sollte dennoch wieder einziehen auf der Insel. Ihr ursprünglicher Name war Unterer Werd, sie war im Süden begrenzt vom Donaukanal, im Norden, gleich hinter dem Augarten, von einem Teil des Donauhauptstroms, dem Fahnenstangenwasser und im Südosten von einem kleinen Wasserlauf, dem Fugbach. Einen Oberen Werd gab es auch, er lag aber jenseits des Donaukanals, zwischen der heutigen Liechtensteinstraße und der Roßauer Lände. Der Ausdruck Werd oder Wörth kommt direkt aus dem Althochdeutschen, von „werid", erhöhtes Land im Wasser. Heute sind alle Donauarme im 2. Bezirk versandet und zugeschüttet, mit einer Ausnahme: Das Heustadlwasser im Prater.

Wer noch weiter in die Vergangenheit reisen und eine unberührte Leopoldstadt sehen wollte, könnte dies in Hainburg tun. Die Zeitreise ließe sich unterhalb des Gasthofs Zum Goldenen Anker, jenseits der Bahngeleise, am Südufer des Donaustroms antreten. Der Blick nach Norden in die Stopfenreuther Au gibt einen Eindruck vom ursprünglichen Aussehen der Werder: Sanft ansteigende weiße Schotterbänke, über denen sich das mächtige Kronendickicht der Auen-Urwälder aufbäumt. Eine Wanderung durch die Au schließlich ließe die Topographie von Werdern, Flussarmen und den zwischen ihnen führenden Wegen und Furten erfahren.

WO LIEGT BOBOVILLE?

Viele Jahrzehnte lag Wien am Rande der Welt. Einen Pflastersteinwurf vom Eisernen Vorhang entfernt. Gut, man musste mit dem Pflasterstein noch ein bisschen fahren, auf holprigen Feldwegen und zugewachsenen Landstraßen, aber dann, dann konnte man den Wiener Trottoirkiesel den Tschechoslowaken vor die Auslagenscheibe werfen. Den Kommunisten, den elendigen. Ob sich je jemand zu einer Tat mit solcher Requisite aufgerafft hat? Dazu fehlt es den Wienern doch wohl an anarchischer Glut. Im Schatten des kalten Zauns hatte sich eine repressive Kultur des Raunzens und Jammerns etabliert, die mit Heurigem ertränkt wurde und in Inländer-Rum. Auf den Straßen lauerte die alleinstehende Kriegswitwe mit ihrem giftigen Struppi, im Amt schauten der umgefärbte Nazi, der hochnäsige Ständestaatler und der misstrauisch-depressive Sozialdemokrat nach dem Rechten. Verboten war vieles, erlaubt nichts.

Jugendkultur stand im Diskredit des Amerikanismus, war verhascht und verlärmt und blühte im Verborgenen. Es war, als läge Wien nicht im Westen, sondern mitten in der DDR. Einer DDR mit Weihrauch und Fiakern.

Langsam taute in der dicken grauen Stadt ein Frühling der Gefühle heran. Richtig lauten Rock zu hören, dafür gab es nun zumindest eine Handvoll Möglichkeiten. Dort gab es auch lange Haare und hohe Sohlen. Wer es hingegen zu Hause wagte, Deep Purple in angemessener

Lautstärke aus dem Speaker zu lassen, hatte innert Minuten die Polizei auf der Matte. Es war nicht leicht in dieser Stadt.

Die kleinen Geschwister dieser Generation und erst recht ihre Kinder sind das Substrat dessen, was wir heute die Bobos nennen. Unverschämte Dinger, die aufstehen, wann sie Lust haben, arbeiten, wenn es mal anfällt, und all das machen, wofür man uns früher die Ohren abgerissen hätte. Partypoppen mal ausgenommen, denn zum Austausch von Körpersäften haben die Bobos einen katholischen Zugang. Freie Liebe ist für Bobos so was wie ein offenes Schuhband. Aids ist noch nicht heilbar, auch wenn das keiner so sagt. Und weil das keiner so sagt, bilden sie Paare, die Bobos, und machen Kinder, als gäbe es kein Gestern. Oida.

Aber wer und was sind diese Bobos? Wer hat dieses Wort erfunden? Im Jahre 2000 hatte David Brooks, konservativer Kolumnist der New York Times, das Referenzwerk zur urbanen Gattung veröffentlicht – „Bobos in Paradise: The New Upper Class and How They Got There". Das Kunstwort Bobo hatte er aus scheinbaren Gegensätzen konstruiert, aus Bourgeois (bürgerlich) und Bohemian (Künstler). Nach Brooks Definition sind Bobos „die neue Elite des Informationszeitalters", ihr Lebensstil führe zusammen, was als unvereinbar gegolten hatte: Reichtum und Rebellion, beruflicher Erfolg und eine nonkonformistische Haltung. Das Denken der Hippies und der unternehmerische Geist der Yuppies. „Bobos leben idealistisch, pflegen sanften Materialismus, sind korrekt und kreativ zugleich." Bon.

In Wien geht der Boboismus mit Sympathie für die Partei der Grünen einher – und franst aus in die hedonistischen Zirkel der Sozialdemokratie, die liberalen Partien der Hietzinger und Döblinger Regimenter und die verirrten Blasen manischer NEOS-Bewegter. Wiener Bobos leben in Boboville (Neubau und Mariahilf), in Bobograd (Leopoldstadt), Bobopol (Josefstadt), im Boboais (Wieden und Margareten) und in Ottakring (Faubourg Saint Bobo).

WIENS GEHEIME U-BAHN-TUNNEL

Regelmäßigen U-Bahn-Nutzern wird nachgesagt, sie starrten lieber in die Tunnel der Wiener Metro als in die langen Gesichter anderer Fahrgäste. Der Blick ins Dunkel der Wiener Löcher verbindet sich indes auch mit Erkenntnisinteresse. Im Gegenlicht heran schnellender Züge lassen sich in manchen Stationen Abzweigungen und Einmündungen der unterirdischen Tunnelstränge ausmachen. Woher diese kommen, wohin sie führen und wer sie benützen darf ist weitgehend unbekannt. Die meisten dieser mysteriösen Abzweigungen sind einfache Abstellgleise, die bei Störungen zum Wenden von Zügen benützt werden. Solche Sondertunnel gibt es an der U2 zwischen Schottentor und Rathaus, an der U3 zwischen Landstraße und Rochusgasse und an der U6 zwischen Westbahnhof und Burggasse. Etwas besser versteckte Abzweigungen gibt es an der U3 zwischen Volkstheater und Neubaugasse, zwischen Westbahnhof und Schweglerstraße, sowie an der U6 zwischen Philadelphiabrücke und Tscherttegasse. Echte Verbindungsgleise zwischen den U-Bahn-Linien gibt es momentan nur zwei: Von der U1 zur U4 (zwischen Stephansplatz und Schwedenplatz in den Tunnel zwischen Roßauer Lände und Schottenring) und von der U3 zur U4 (zwischen Landstraße und Stubentor, Richtung Schwedenplatz/Landstraße.)

Bei genauer Betrachtung von Stadtplänen und Linientrassierungen bleibt nicht unentdeckt, dass die U-Bahn-Linie U3 zwischen den Stationen Herrengasse, Volkstheater und Neubaugasse ein Streckenknie bildet, das nicht allein topographischen Notwendigkeiten geschuldet ist, sondern zwei Gebäudekomplexe in die Gleisroute einbindet, die von hoher strategischer Bedeutung für die Republik sind. Hier verbindet die U3 das Regierungsgebäude am Ballhausplatz und die Stiftskaserne mit dem dort untergebrachten FüUZ oder Führungsunterstützungszentrum, dem Kompetenzzentrum des Österreichischen Bundesheeres. Die Strecke führt exakt unter Bundeskanzleramt und Regierungsbunker hindurch. Es darf angenommen werden, dass sich unter den beiden

Gebäuden geheime Stationen, oder zumindest Einstiegsplattformen befinden, die Regierung und militärische Krisenstäbe im Alarmfall schnell und ungesehen auf dem Gleisweg aus der Stadt Richtung Westen bringen können.

Den Mitarbeitern jener Dienste, die Berichte über diese Kalte-Krieg-Logistik als urbane Legenden diskreditieren, muss die Frage gestellt werden, warum es solche Stationen nicht gibt, immerhin wären sie so praktisch wie strategisch sinnvoll. Gäbe es die Geheimstationen tatsächlich nicht, sollte man sie umgehend einrichten. Die Wahrscheinlichkeit der Existenz einer geheimen Regierungs-U-Bahn-Station korreliert mit der Gültigkeit des Satzes, demnach es in Wien alles gibt, was es geben, und alles fehlt, was fehlen kann.

WIENS KLIMAZONEN

Wer Wien durchquert, nimmt gelegentlich mit Erstaunen eine rasch wechselnde Abfolge meteorologischer Phänomene wahr. Es scheint, als liege Wien in mehr als einer Klimazone. Wenn Hütteldorfer auf Twitter Gewitter melden, kann am Ring die Sonne scheinen, wenn es am Michaelerplatz taut, kann in Floridsdorf ein Schneesturm toben. Zeitgleich können in der Schnitzelstadt alle vier Jahreszeiten erfahren werden.

Wien ist größer, als viele von uns denken. In der Zeit, in der die Außenbezirke mit Zinshausvierteln vollgeschachtelt wurden, ging die Stadtplanung noch davon aus, dass Wien neben London, Paris und New York die vierte Megacity von internationalem Format bleiben würde. (Shanghai, Mexico City und Kairo waren damals noch provinzielle Nester). Dass sich während einer kurzen Reise durch Wien so viele verschiedene Wetter erleben lassen, liegt allerdings nicht an der metropolitanen Weite Wiens, sondern an einer meteorologischen Besonderheit. Bekanntermaßen liegt Wien an den Ausläufern der Alpen, dort wo sie in die scheinbaren endlosen Weiten der Ebene eintauchen. Genau am Übergang zwischen diesen beiden Geographien verläuft auch die Grenze zwischen zwei Klimazonen. Genaue Kenner wollen den Übergang zwischen alpinem und pannonischem Wetter mitten in der Stadt ausmachen. In der Lenaugasse im 8. Bezirk, im Straßenzug zwischen dem Gasthaus Blauensteiner und dem Café Eiles stehen zwei Betonschüsseln. In der einen haben es sich Samen aus den Bergen gemütlich gemacht und dank des dort schon etwas herben Klimas einen kleinen Nadelwald sprießen lassen. Der Betonkübel auf gegenüberliegender, östlicheren Straßenseite hat Flugsamen von Laubbäumen aus den kontinentalen Steppen mikroklimatisch Heimat gegeben. Das Gasthaus Blauensteiner steht nämlich schon in den Alpen, während das Café Eiles gegenüber in der ungarischen Tiefebene liegt.

WIEN LIEGT AM INN

Paris wird von der Seine durchflossen, London von der Themse, New York liegt zwischen Hudson und East River, Kairo am Nil. Und Wien? Wien liegt am Donaukanal. Im Wienerwald entspringen gut zwei Dutzend Bäche, die einmal alle durchs heutige Wien flossen. Sie haben illustre Namen wie Als, Ameisbach, Arbesbach, Ottakringerbach, Nesselbach, Krottenbach, Lainzerbach oder Währingerbach. In jedem Heurigenort an der westlichen Stadtperipherie ereilt sie das gleiche, unwürdige Schicksal: Kaum haben sie sich an die Stadtgrenze herangeplätschert, verschwinden sie im Untergrund, mutieren zu Kanälen. Verdrängt in jedem Sinn des Wortes, fließen sie zwei weiteren Kanälen zu, der Wien und dem Donaukanal.

Auf ihrem Weg durch die Stadt bilden die unterirdischen Bäche eines der weitest ausgedehnten und berühmtesten Kanalsysteme der Welt (Stichwort „Dritter Mann"). Bei der Urania stößt der Wienfluss zum Donaukanal. Gemeinsam geht es jetzt zwischen Erdberg, Simmering und dem Prater Richtung Winterhafen, wo Wiens vereinigte Wasserläufe in den Freudenauer Stausee münden. Das Gewässer hat optisch nur mehr wenig Ähnlichkeit mit einem Fluss.

Auch wenn sie ihre Donau in Walzern begeigen, hassen die Wiener das Wasser. Jedenfalls das Wasser in Wien, das Wasser von hier. Konsequenterweise kommt das Trinkwasser der Kaiserstadt von weit her, aus den Alpen. Die Geschichte der Wiener Wasserverdrängung ist älter, als man zunächst vermuten könnte. Sie ist keine Idee der Gründerzeit. Die Kanalisierung der Wien und die große und barbarische franzisko-josephinische Donauregulierung stehen erst am Ende einer langen Reihe von Bachverlegungen und Flusskorrekturen. Franz Joseph, dem gemeinhin das Begradigen des Donauflusses auf Wiener Gebiet zugeschrieben wird, war nicht der erste Bachverleger. Schon der Babenberger-Herzog Leopold VI regulierte großzügig. Leopold hatte Wien als größte Stadt des Römischen Reichs etabliert. Unter seiner Herrschaft wurde Wien vom lästigen Ottakringerbach befreit, der über Minoritenplatz und

Tiefen Graben der damals noch nahen Donau (dem heutigen Donaukanal) zugeflossen war. Weil das enge Wien Platz brauchte, wurde der Bach kurzerhand aus der Stadt verlegt. Sein Wasser wurde zum Wienfluss und seinen Mühlen geleitet. Auch die Als wechselte wiederholt das Bett. Nach jedem größeren Gewitter aus den schmalschultrigen Ufern tretend, wurden Wiens Bäche durch Bettverlegung bestraft. Da sie eigentlich Gebirgsbäche sind – sie entwässern das gesamte östliche Wienerwaldgebirge – wundert es kaum, dass sie bei Unwettern zu reißenden, alles verheerenden Strömen wurden.

Dem zierlichen Wienfluss kann man heute noch während eines Platzregens beim Anschwellen zu orgiastischer Größe zusehen. Einmal hat diese Eigenschaft der Wien einer Türkenbelagerung die entscheidende Wendung beschert. – Die Wien war zu einem reißenden Strom geworden.

Gedankt haben die Wiener es der Wien weder damals noch heute. Da heißt der Fluss wie die Stadt und dennoch entwickelt sich nicht das kleinste zarte Band zwischen Stadtbewohnern und Stadtfluss!

Auch die Wien muss ab der Stadtgrenze im Gewande des Kanals fließen. Kaum in Sichtweite der Wienerstadt, wird sie denn auch flugs unter die Erde gescheucht, um angesichts der imperialen Pracht nicht durch allzu Alpines, Bäuerliches aufzufallen. Erst hinter dem Kursalon Hübner, im schattigen Stadtpark, fließt die Wien wieder oberirdisch, im hohen Korsett, versteht sich.

Der Donaukanal hingegen, die wenigsten wissen das, ist wirklich ein Kanal, er sieht nicht nur so aus. Obschon seine Uferbefestigungen dem Vorbild der Pariser Seine-Kais nachgeraten sein wollen. Zwar war hier, hart am Steilufer der Stadt, immer schon ein Donauarm von beachtlicher Größe geflossen, aber seit dem Mittelalter hatte sich das Flussprofil durch tektonische Kippvorgänge im Wiener Untergrund verändert und den Hauptstrom etwa dorthin verlagert, wo heute der 20. Bezirk liegt. Ein Rest dieses alten, in großen krummen Schwüngen durch ein mannigfaltiges Inselreich fließenden Hauptarms ist heute noch als Alte Donau sichtbar. Alle anderen Partien des Hauptstroms mit seinen vielen Verästelungen wurden mit der Donauregulierung zugeschüttet und sind nicht einmal im Straßennetz nachgezeichnet.

Die gotische Kirche Maria am Gestade und der Salzgries, jenes einst schottrige Ufer, an dem die Salzschiffe aus dem Salzkammergut anlandeten, erinnern heute an das alte Stadtufer. Als dieser Arm, noch Donau genannt, im 16. Jahrhundert zu versanden drohte, wurde er zum elegant dammbegleiteten, in der Breite allerdings reduzierten Donaukanal umgebaut. In dem Kanal lebten noch Fische, gut genährt von den Fleischabfällen, die von der einzigen Donaubrücke bei Wien fielen. Die zu den Fernstraßen nach Prag und Brünn führende Schlagbrücke (Schlachtbrücke) war der traditionelle Arbeitsplatz der mittelalterlichen Wiener Fleischhändler. Schlachtabfälle und Blut wurden direkt in den Fluss entsorgt. Flussabwärts reihte sich am Leopoldstädter Ufer ein Fischgasthaus an das andere. Sie tischten wohlgenährte Hausen und Huchen auf. Kapitale Fische, die hierzuflusse zu mehreren Metern Länge heranwuchsen.

Der Hauptstrom jenseits des Augartens fiel, wie erwähnt, dem römisch-imperialen Begradigungsfuror des echtesten aller Wiener, dem in Bad Ischl gezeugten Franz Joseph zum Opfer. Vom einstigen Donau-Urwald blieben nur die barocke Perversion zum Thema Wald, der Augarten, und ein zum Volks- und Wurstelpark degradierter, der einstigen jagdparadiesischen Größe beraubter Prater.

Von der Donau und ihren vielen Armen blieb, wie ein abgeschnittenes Glied auf dem Schlachtfeld, die heutige Alte Donau mit dem schrebergartenverbrämten Ufern Neubrasiliens auf der einen und den Strandparadiesen der Arbeiter und Straßenbahner auf der anderen Seite. Ein altes Toponym findet sich noch im Namen des öffentlichen Strandbades „Gänsehäufel". So hieß eine der zahlreichen Inselgruppen zwischen den Strömen.

An alten Flusslandschaften finden sich noch ein paar ausgedehnte Nebenarme in der Lobau und der schlangengestaltige Nachenweiher Heustadlwasser im Prater. Im ehemaligen Unterlauf des Donaukanals schwimmt jetzt neben Froschlurch das Wintersalz von Österreichs meist befahrener Autobahnpassage, der Südosttangente.

Von allem noch fast unberührt fließt im Süden Wiens die Liesing, die ihre Virginität nur der Lage jenseits des Zentralfriedhofs verdankt und die nach Paarung mit der Schwechat bei der Erdgasbrücke in die dort, jenseits der Stadtgrenze, schon wieder einigermaßen krumme Donau mündet. Die Wiener Bäche und Flüsse können den Wienern also offenbar keine größere Freude machen, als Wien möglichst schnell wieder zu verlassen oder ihr Fließen überhaupt einzustellen. Sind sie doch alle Fremde in der Stadt. Außer den Schwallen der Toilettenspülungen entspringen in Wien keine namhaften Gewässer. Alle kommen sie aus der näheren oder ferneren Fremde. Wo Zuschütten nichts half, wurden sie überdacht und kanalisiert; wo es ihre Breite unmöglich machte, begradigt oder gestaut.

Das Inundationsgebiet der Donau, beliebter Fußball- und Abenteuerspielplatz früher Kindertage, an dem sich wenigstens zu Überschwemmungszeiten vermehrt Wasser oder der seltene Eisstoß aufhalten durften, ist mittlerweile auch verschwunden. An die Stelle der kilometerlangen Kunstuferebene sind Donauinsel und Neue Donau getreten – ein Stausee, der nach Auskunft der städtischen Verantwortlichen sogar das zehntausendjährige Hochwasser sicher aus der Stadt leiten wird. Der längste innerstädtische Strandkomplex der Welt – die Donauinsel – ist zwar schon bei viel kleineren Flutungen bakteriologisch für Monate versaut, aber die Gefahr der Stadtnasswerdung kann als gebannt betrachtet werden.

Wiens wichtigstes Gewässer ist ohnedies ganz woanders lokalisiert. Im Selbstverständnis der Wiener ist die Primadonna Assoluta Aquatica der Hochstrahlbrunnen am Schwarzenbergplatz, der – einst zur Feier der ersten Wiener Hochquellwasserleitung errichtet – dem Denkmal des russischen Rotarmisten huldigt. Hier ejakuliert die Wienerseele aus der Sicherheit des Untergrunds auf das ferne Russland. Auf jene Befreier, die die kollektive Erinnerung so fälschlich wie genüsslich zu marodierenden Gefängniswärtern degradiert.

Mehr als die Wiener kann man gar nicht gegen das Wasser tun, so scheint es. Die Stadteltern und ihre elektrischen Berater waren nicht faul in den letzten Jahrzehnten. Statt Hainburg, jenem Debakel, das Naturschützer, Studenten und die sich damals formierenden Grünen der betonaffinen und aus allen politischen Fugen krachenden sozialdemokratischen Regierung Sinowatz zufügte, wurde ein anderer Stausee verwirklicht. Der letzte Rest einer fließenden Wiener Donau wurde auf der Höhe der Freudenau, dem südlichen Zipfel des Praters, zur Energiegewinnung gestaut. Günther Nenning, damals noch das publizistische Restgewissen des Landes, nannte die Cloaca Danubia in seiner, um Deutlichkeiten nie verlegenen Art, den „Klosee". Die Tote Donau. Dabei liegt und lag Wien gar nie an der Donau. Und auch Linz nicht. Nicht Bratislava, nicht Budapest, nicht Beograd. Die habsburgischen Schicksals-Städte liegen seit jeher am Inn.

In der bayerischen Bischofsstadt Passau fließen drei Flüsse zusammen. Die träge, aus dem schwäbischen Alpenvorland kommende Donau, die kleine bayerische Ilz und der unbändige rätische Inn. Für Passauer war es seit jeher ein offenes Geheimnis: Nicht der Inn fließt hier in die Donau, sondern genau umgekehrt, diese nämlich in den breiteren und wasserreicheren Inn. Trotzdem verliert der Inn hier seinen Namen an die Donau. Das war aber nicht immer so. Wie so oft ist auch diese Geschichtsklitterung römischen Ursprungs.

Schon die antiken Geografen haben bei der Erwähnung der großen Flüsse nach deren Ursprung gefragt und mehr oder weniger bestimmte Meinungen dazu aufgestellt. Herodot nimmt als Ursprung des heute Donau genannten „Hister" die Stadt Pyrene „im Lande der Kelten" an. Diese Angabe mutet dunkel und mehrdeutig an, immerhin denken wir bei der Silbe „Pyr" unweigerlich an die Pyrenäen in einer ganz anderen Ecke Europas. Die antiken Autoren bezeichneten aber auch die Alpen so, zumindest aber den Brenner, den Mons Pyrenaeus. Und mit dem Ursprung der Donau meinten sie offensichtlich den Inn.

Das Wort Inn, römisch „Oenus", griechisch „Ainos", rätoromanisch „En", entstammt einem keltoillyrischen, wahrscheinlich aber noch älteren „an", „en", „in" mit der Bedeutung „fließt", zu dem auch das irisch-keltische „am", („Wasser", „Fluss") gehört. Erst am anderen Ende der indoeuropäischen Sprachgegend liegt ein „Inn" von ähnlicher Prominenz. Er gibt einem ganzen Subkontinent den Namen. Wir sprechen vom Indus.

Wie kommt es nun, dass der europäische Fluss der Flüsse bei Passau (die „Castra Batava" der Antike) seinen Namen an die Donau verliert? 15 v. Chr. besetzt Rom zur Sicherung seiner Nordgrenze das schon seit einem Jahrhundert in einem Königreich keltischer Stämme geeinte Noricum (das in etwa dem Gebiet des heutigen Österreich entspricht), vermutlich kampflos. Die heutige Donau wird Grenze des Römischen Reichs, der Unterlauf des Inn jene der Provinzen Raetia und Noricum. Ab dem heutigen Wien, das in antiker Zeit noch die Grenze zwischen den keltischen Norikern und den schon thrakischen Pannoniern markierte, hieß der Fluss „Hister" oder „Ister", thrakisch „Istros". Das ähnelt nicht zufällig dem Namen der adriatischen Halbinsel Istrien. Hier vermuteten nämlich die Griechen den Ursprung des Istros.

1996 feierte das republikanische Österreich das Millennium der ersten urkundlichen Erwähnung seines Namens Ostarrichi. Etwas windschief wird der Begriff heute mit „Österreich", Reich im Osten, übersetzt. Das Ländchen um die Wachau war aber alles andere als ein Reich. Vermutungen gehen deswegen in die Richtung, den Namen vom Fluss abzuleiten, an dessen Ufern sich dieses frühmittelalterliche Ostarrichi befunden hat, dem Fluss Hister. Aus „Ister", „Hister" soll nach Lehrmeinung einiger Scholaren im Laufe der Zeit über „Vister", „Oister" unser „Öster" geworden sein. Das Land der Musikanten und der Stadeln ist kein Reich im Osten, sondern das Histerreich, eine Herrschaft am Fluss Hister.

Dass der Inn ab Passau, beim Zusammenfluss mit der Donau seinen Namen verlor, hing mit der strategischen Notwendigkeit zusammen, die Nordgrenze des Römischen Reiches an ein kontinuierliches Flussufer zu legen. Die Sprachgrenze, die hier, ähnlich wie beim ehemaligen Eisernen Vorhang bald entstand, förderte die Histrifizierung des Inn. Die antiken Geografen überlieferten den Sachverhalt bis in die heutige Zeit, und so heißt der Strom eben von Passau bis zum Schwarzen Meer Hister/Donau und nicht Inn.

Den Namenswechsel zu Donau dürfte der Hister den nomadisierenden, persisch sprechenden Skythen und Sarmaten verdanken, die ihren heimatlichen Flussnamen „Don" (der antike Grenzfluss zwischen Europa und Asien) mitbrachten. Aus „Don" und einem heute unscharf sichtbaren Epitheton, das von der germanischen Endung „au", „ouwe" stammt und nichts anderes heißt als Aue, Fluss. Aus der Don-Aue wurde das römische „Danuuius", „Danubius" und über althochdeutsch „Tuonouw" und mittelhochdeutsch „Tuonouwe" allmählich unser heutiges Donau.

In Konsequenz all dieser Betrachtungen liegt Wien am Inn und nicht an Hister oder Donau. Und mit Wien gleich auch noch eine Reihe anderer alter Städte – Landeck, Imst, Innsbruck, Hall, Schwaz, Kufstein, Rosenheim, Braunau, Schärding, Passau, Linz, Ybbs, Melk, Krems, Klosterneuburg und Hainburg. Von den Metropolen Bratislava, Budapest, Novi Sad und Belgrad ganz zu schweigen.

Historische Begriffe wie die „Donaumonarchie" können wir im Lichte dieser Erkenntnisse getrost in „Innenmonarchie" überführen, der Kern des alten Wien, historisch gesehen am Steilufer des Inn gelegen, wird richtigerweise zur „Innenstadt", am „Innenkanal" gelegen. Aber auch andere Toponyme sollten unter ihrer wahren Bezeichnung nicht leiden. Aus der Donauinsel würde die „Inneninsel". Und der Donauwalzer hieße folgerichtig „Innenwalzer". Nur das Innenministerium hätte semantischen Erklärungsbedarf.

WIENS KAHLE BERGE

Landkartenstudierende und Toponomastikkontrolleure sind mit der berechtigten Frage konfrontiert, warum das Kahlenbergerdorf (zwischen Nussdorf und Klosterneuburg am Donauufer gelegen) am Fuße des Leopoldsberg liegt und nicht am Nachbarkogel, dem Kahlenberg. Mit den letzten Seufzern, die die Alpen machen, bis sie unter der Donau untertauchen, ist das so eine Sache. Die Berge am Kulissenrand von Wien sehen zwar seit der Eiszeit so aus wie heute, haben aber ihre Namen im wahrsten Sinne des Wortes oft gewechselt. Die runde Bergkuppe, die wir heute als Leopoldsberg kennen, hieß seit den Ursprüngen deutschsprachiger Ortsbenennung Kahlenberg. 1693 ließ Kaiser Leopold die Kapelle am Berg – vorher stand hier eine Babenbergerburg und noch früher eine keltische Befestigung – dem Heiligen Leopold weihen, woraufhin der Berg den Namen Leopoldsberg erhielt. Der benachbarte Sauberg, wohl wegen der dort aufhältigen Wildschweinpopulation so genannt, wurde darauf in Kahlenberg umbenannt. Diesen Berg erkennt man aus der Ferne am Fernsehmast des legendären Senders Kahlenberg. Der ursprüngliche Kahlenberg (der heutige Leopoldsberg) blieb aus Verteidigungsgründen um die Burg herum abgeholzt, woraus sich der Name „Kahler Berg" abgeleitet haben soll. Die keltische Bezeichnung des Burgbergs dürfte aus denselben Gründen, der Unbebaumtheit und Kahlbergigkeit wegen, „Uindo-Bona" Vindobona, Weißer Berg gelautet haben. Nach diesem „Uindo-Bona" hießen bekanntlich auch Zivilsiedlung und Römerlager am Donauübergang, das legendäre Vindobona, die Keimzelle Wiens.

WIEN, DER FAUNENHAIN

Lange zirkulierte die Theorie, der Name Wien käme von „Vindobona", dem Römerlager unter dem heutigen 1. Bezirk. Zur Erhärtung dieses Befundes wurde der Lagername „Winn-Dóbbona" ausgesprochen. In der keltischen Sprache der vor-römischen Bewohner ergibt der Name allerdings erst in anderer Wort-Trennung Sinn. Demnach könnte „vindo bona" weißer Berg bedeuten, von „vindo" (hell) und „bona", „bonn", „ben" (Berg). Mit „Weißer Berg" könnte das Steilufer der Donau oder die Keltensiedlung am heutigen Leopoldsberg bezeichnet worden sein, notabene letzter ursprünglich Kahlenberg hieß. Andere Etymologien wollen von einem Waldbach Vedunia wissen, dessen Name über die noch heute verwendete slawische Bezeichnung für Wien, „Vídeň" zu Wieden wurde (oder umgekehrt).

Nicht ohne Reiz ist jene Theorie, die den Namen des Wirkungsortes des spätrömischen Heiligen Severin – „Favianis" – auf Wien (und nicht auf Mautern) bezieht. Fa Fian hieße in gälischer Sprache „unter dem Wein", „am Wein(garten)". Nicht untreffend für einen Weinort in bester Lage, wäre damit „Fian" (Wein) über „Vian" zu „Wean" und schließlich Wien geworden. Aber auch der Name „Favianis" kann anders gedeutet werden. Als Waldheiligtum und sakraler Ort von Fruchtbarkeitsmysterien. Dessen Kultträger, die römischen „Faviani" seien auch hier im Limeslager am großen Grenzstrom ausgesucht kräftige und schöne Soldaten gewesen, die sich zur Zeit der dem Faun geweihten Feste in das „Faunum" (Fanum, Heiligtum) zurückzogen, wo sie bacchanalischen und venerischen Exzessen huldigten – in heutiger Deutung also einen Extremfasching feierten. Von „Favianis", dem faunischen Ort im Wald sei der Name schließlich auf die Stadt übergesprungen. Faun an der Donau also. Einen letzten, lokalhistorisch aufgeladenen Rest des antiken Wiener Zauberwalds wollen Stadtmythologen in Ort und Objekt des berühmten „Stock im Eisen" sehen, jener vollständig mit Nägeln beschlagenen, zweiwipfeligen Zwieselfichte aus dem Mittelalter, die traditionell als Mittelpunkt der Stadt wahrgenommen wird.

DAS SCHWEIZERHAUS

Noch in Sichtweite des Riesenrads, wo der Trubel und die Hetz der Schießbuden und Go-Cart-Bahnen, der Luftkutschen und Spiegelkabinette langsam ausdünnt, beginnt eine Welt, der lüsterne Sensationen ebenso fremd sind, wie der polternde Lärm rasender Maschinen. Der Duft von Nussbäumen und blühenden Kastanien lockt den Schritt in eine Kathedrale unter den Wirtshäusern. Schlichte weiße Lettern bezeichnen diesen Ort. Unter schattigen Praterbäumen knirscht der Kies und vermischt sich mit dem Klirren dicker Gläser und dem Krachen berstender Schweinsstelzen.

Bis zu 9000 Krügerl gehen hier allein an einem Sommertag über die Schank, ganz abgesehen von den Karpfen, Grillhendl, Prager Kuttelflecksuppen oder eben den „Stözzn" mit Senf, Kren und Brot. Hier kann's dir auch passieren, dass ein Bürgermeister neben dir sitzt und dich fragt, was der Unterschied sei zwischen einem Schweizerhauskellner und einem Philharmoniker. Und dann wird er verschwörerisch wissend in dein Ohr flüstern: „Die Schweizerhauskellner haben die höhere Gage, und die Philharmoniker können im Sitzen hackeln!" Das sei der ganze Unterschied.

Wie viele Geschichten aus dem alten Wien verlieren sich auch die Ursprünge des heute „Schweizerhaus" genannten Paradiesortes im Dunkel der Geschichte. Eine Schilderung der Lady Montague über den Prater, vor 1766 dem ordinären Publikum noch nicht zugänglich, ist erfunden aber beredt: „Ich war gestern in Gesellschaft des Vizekanzlers Grafen Schönborn im Prater, einem reizenden und von vortrefflicher Weite strahlenden Park. Wir fanden es tunlich, jene große Allee wegen ihrer Staubigkeit gegen den Wald zu verlassen, um in einem kleinen Wirtshause einzukehren, welches nach Auskunft meiner Begleitung ‚Zur Schweizer Hütte' genannt wurde. Vor Hunderten Jahren habe dort ein Einsiedler Fische und Pilze an die rastenden kaiserlichen Jagdknechte verkauft. Die Knechte seien Schweizer aus dem Sundgau gewesen, die für die Vortrefflichkeit und Ausdauer ihrer Treibkünste gerühmt waren, und es hätte sich der Name ‚Schweizer Hütte‘ aus jener Zeit erhalten. Der Wirt ist ein stiller Mann, welcher mit großem Geschick kleine Fische am Spieß bratet und dazu einen köstlichen Hollersaft kredenzt, von welchem wir zwei Krüge tranken ...“

Jener „stille Wirt" war ein Nachfahre des legendären Michael Ainöther, der am 1. Mai 1603 vielleicht das erste Lokal des Praters eröffnete. Über dem Eingangstor seines Wirtshauses stand: „Gott behuet dies Haus so lang, bis ein Schneck die Welt umgang. Und ein Ameis dürst so sehr, daß er's austrinkt, 's ganze Meer."

Noch im ausgehenden 18. Jahrhundert wurde die „Schweizer Hütte", einer Mode der Zeit folgend, von seinem neuen Besitzer Cajetan Gasperl, einem geschäftstüchtigen Mann aus Mitterndorf im Ausseerland, in „Tabakspfeife" umbenannt und „Zum Zwecke des süßen Qualmens" ausgebaut. Nach Gasperls Tod verkaufte seine Witwe das Etablissement, das während der Zeit des Wiener Kongresses den Namen „Zum russischen Kaiser" trug. Der neue Besitzer trug den etymologischen Wurzeln des Hauses Rechnung und nannte seine Gaststätte wieder „Schweizer Meierei".

Ein populärer Besitzer des Schweizerhauses war der Wirt vom „Alten Kühfuß" in der Habsburgergasse, Jan Gabriel, unter dem das Wirtshaus ein Treffpunkt aller Freunde echten „Pilsners" wurde. So mancher Firmgöd hat sich dort einen Rausch angetrunken. Ein berühmter Stammgast dieser Zeit war Albert Timmel, einer der legendären Timmelbrüder aus Ottakring, die mehr als einem festen Raufhandel des Praters blutige Würze verliehen. Einer, der nicht trank im Schweizerhaus, war der Wärter der „Säugetierschaustellung" im „Aquarium": Er holte pünktlich um zehn Uhr vormittags drei Krügerl für seine Affen, die sie mit sichtlichem Behagen getrunken haben sollen. In späteren Jahren kam der Senioraffe gerne auch alleine auf ein Bier.

Die Geschichtsschreibung der Stadt sollte eine Zufälligkeit nachhaltig verwirren. Hatte doch der Schweizer Weltausstellungspavillon im Jahre 1873 seinen Platz in unmittelbarer Nähe des heutigen Schweizerhauses. Vielen ist darum die Entstehung des Namens „Schweizerhaus" aus dieser Tatsache erklärlich. Hier versagt aber die Grenzziehung zwischen Fama und Historia. Beliebtes Überbleibsel der Weltausstellungs-zeit blieben die sonntäglichen Konzerte der Deutschmeister.

1920 juckt einen jungen Wiener die geschäftstüchtige böhmische Nase. Der neunzehnjährige Sohn tschechischer Eltern, Karl Kolarik, übernimmt als Konzessionär das Schweizerhaus. Inflation und Wirt-schaftskrise schütteln die junge Republik, und so manchem stillen Bier-zecher ist ein Besuch im Biergarten die einzige Freude. Karl Kolarik hat ein G'spür fürs Geschäft. Der gelernte Fleischer und Selcher errichtet Wiens „Erste englische Fischbratküche" und einen Pavillon, „wo die berühmten Wiener Würsteln und Bratwürsteln vor den Gästen erzeugt werden", wie ein zeitgenössisches Inserat stolz preist.

So nebenbei führt Kolarik eine andere Spezialität ein: Fein geschnit-tene Erdäpfeln, die berühmten, in heißem Fett herausgebratenen „Roh-scheiben". Die köstlichste Delikatesse aber, das berühmte Budweiser, verdankt das Schweizerhaus einer Reise Kolariks in die böhmische Hei-mat seiner Eltern.

In der Zeit nach dem Ersten Weltkrieg hatten die nationalistischen Tschechen als eine der ersten Maßnahmen ihrer jungen Republik den Bierexport verboten – weil sonst dem tschechischen Arbeiter zu wenig Gerstensaft bliebe. Dieser Maßnahme fiel die „Pilsner Bierklinik" in der Innenstadt zum Opfer. Sie musste auf Gösser umsteigen und ihren Namen in „Gösser Bierklinik" ändern. Das Exportverbot war auch der Grund des zweifelhaften Siegeszugs des amerikanischen „Budweisers" von Anheuser-Busch. Mit dem echten Budweiser hat dieses nämlich nur den abgekupferten Namen gemeinsam.

Aber zurück ins Jahr 1926. Auf seiner Biersuche durch Böhmen stößt Kolarik auf das Budweiser, ein dunkelgelbes 12grädiges Lagerbier. Das Wasser, mit dem es gebraut wird, stammt aus 312 Metern Tiefe. Es ist tausende Jahre alt und seidenweich, wie man als Schweizerhausbesucher mit jedem Schluck aufs Neue bestätigen kann. Kolarik lässt seinen Gau-men entscheiden und kauft einen ganzen Waggon Budweiser, bringt ihn nach Wien und verleiht damit einer alten Liebe neue Triebe. Der nämlich, die die Wiener mit dem tschechischen Bier seit alten Zeiten verbindet.

Aus dem Zweiten Weltkrieg kehrt der Wirt mit dem guten böhmischen Bier in ein völlig zerstörtes Schweizerhaus (offizielle Adresse: Praterhütte Nr. 16) zurück. Zwei Bäume stehen noch, mehr nicht. Die berühmten Nussbäume, in deren Schatten so mancher Sommertag seine lange Reise in die Nacht beginnt, pflanzt Kolarik 1947 mit eigenen Händen. Nussbäume, weil deren Geruch die Gelsen vertreibt. Das simple Konzept ist bis heute wirksam. Karl Kolarik, einer der wichtigsten Wiener aller Zeiten, starb 1993 im 92sten Lebensjahr. Sein Erbe führt sein Sohn indes weiter. Karl-Jan Kolarik ist ein strenger Wirt. Das ist gut so, denn nur ein strenger Wirt ist ein guter Wirt. Und wenn seinen Argusaugen einer der vierzig Kellner entkommt und der dann auch noch Zeit hat und Lust und gegen das Gebot der Verschwiegenheit verstößt, dann kann es passieren, dass er voller Stolz von berühmten Gästen erzählt. Von Peter Alexander und Bruno Marek, Slash von Guns 'n' Roses, einem sehr heimlichen Glenn Gould, einem noch heimlicheren Carlos Kleiber. Von Niki Lauda und Toni Polster, Anton Benya, Bruno Kreisky und dem Mineralwasser trinkenden Arafat, „den kaner kennt hod, wenn er sein Tiachl ned aufghobt hod."

Und es mag vorkommen, dass Leute am Tisch sitzen, von denen bekannt ist, dass sie eigentlich für immer nach New York ausgewandert sind. Oder als längst verstorben galten. Die grade noch Kinder waren und nur Kracherl trinken durften und in der Luftburg sprangen. Und dann fällt dir ein, jemand geht noch ab, und den und die rufst du jetzt am Handy an. Und er und sie wird sagen: „Bin schon unterwegs, wo sitzts ihr?" Und dann wirst du sagen: „Im Bahnhof. Wo ma immer sitzen." Der Bahnhof, jener Bereich vor der Schank, in dem das Kommen und Gehen von Bierbringenden und Biertrinkenden die größten Frequenzen erreicht. Und dann sind wieder alle da. Bekannte und Unbekannte. Traurige und Glückliche. Vereint in einer nur scheinbaren Unwienerischkeit. In einem tschechischen Biergarten namens Schweizerhaus. Vor dem goldgelben Wunderbier mit dem Hermelinkapperl drauf. Und dann wird die alte chinesische Weisheit akut: Jeder Tag, den du bist im Schweizerhaus, wird hinten an dein Leben noch einmal drangehängt.

WIENER MISCHUN-GEN

DAS GLAS WASSER

Zu einem Kaffee wird in einem Wiener Kaffeehaus traditionell ein Glas Wasser mit einem darüber gelegten Löffel serviert. Wie bei anderen Wienmythen bemühen sich auch um das legendäre „Glasl Leitungswasser" eine Vielzahl von Erklärungsschulen, die sich nicht immer auf den sicheren Pfaden historischer Quellenwürdigung bewegen. In jedem Fremdenführer lesen Wientouristen allerlei Gescheites, meist aber Falsches über die Wiener Kaffeehaustradition. Hartnäckig wird die Erfindung des Wiener Kaffees einem gewissen Georg Franz Kolschitzky zugeschrieben, der die ersten Wiener Bohnen 1683 im verwaisten türkischen Heerlager gefunden haben will, als der armenische Kaffeesieder Deodato schon lange Jahre eine Monopol-Konzession in der Wirtshaustasche hatte.

Bei den damaligen Verarbeitungen der Bohnen entstand durch Rösten und Überbrühen mit kochend heißem Wasser Gerbsäure. Das Glas Wasser (das es im Übrigen auch in Griechenland zum Kaffee gibt) wurde seit Anbeginn mitteleuropäischer Kaffeehauskultur zur Geschmacksneutralisierung beziehungsweise Entsäuerung von Magen und Speiseröhre verwendet. Seit Deodatos Zeiten, zu denen Kaffee in Wien noch „à la turque", also türkisch getrunken wurde, diente es allerdings auch dazu, den Kaffeesatz aus den Zähnen zu spülen.

Aus dem aristokratischen Lager kommen zwei unterschiedliche Deutungsansätze. Nach Idee einer kaiserlichen Kommission, erstmals eingesetzt von Maria Theresia, dient das Wasser zum Kaffee als Nachweis einer hervorragenden Wasserqualität. Haben doch die Wiener Hausbrunnen vor der Errichtung der Hochquellwasserleitung nur selten Trinkwasser geliefert. Dem schwarzen Brühgetränk war daher die Qualität des Wassers, mit dem es zubereitet wurde, nicht anzusehen. Ein Glas klaren Wassers habe als Nachweis wohlschmeckenden Brunnenwassers gedient. Eine andere Logik erklärt den ursprünglichen Sinn und Zweck des Glases Wasser zu einer Frage der Etikette. Als der Genuss von Kaffee noch Bürgern und Adeligen vorbehalten war, sei es unschicklich gewesen, den Löffel einfach abzulecken oder auf die Untertasse zurückzulegen. Daher wurde ein Glas Leitungswasser mitserviert, auf dem der Löffel zwischengelagert werden konnte.

Medizinische Erkenntnisse wiederum bestätigen die kaffeehausgeherische Körperbeobachtung, der Bohnentrunk sei harntreibend und bringe den Wasserhaushalt aus dem Gleichgewicht, weil das im Kaffee enthaltene Koffein (ähnlich wie Alkohol und einige Arzneimittelwirkstoffe) dem Körper Wasser und Mineralstoffe entziehe. Den Grund dafür sehen Physiologen im antidiuretischen Hormon (ADH, Adiuretin, Vasopressin). Es kontrolliert die Flüssigkeitsausscheidung der Nieren. Fehlt es oder wird seine Bildung durch Koffein und Alkohol gehemmt, verliert die Niere vermehrt Wasser.

Das automatische Service des „Glasl Wassers" dürfte lange vor Einsicht in diese Vorgänge, in einem evolutionären Zusammenspiel von Toilettenfrequenz und Kaffeehausalchemie entstanden sein.

DER ALMDUDLER

Wiener wissen seit jeher Ironie und Geschäft aufs Treffendste miteinander zu verbinden. Kein Produkt hat Oberfläche und Tiefe der Wiener Seele je besser unter die durstigen Leute gebracht, als der süße Kräutersprudel Almdudler.

Dem Erfinder der Limonade, Kommerzialrat Erwin Klein, konnte man in der Wiener Leopoldstadt oft begegnen. Der tiefgebräunte, finster dreinblickende Mann trug Mantel mit Pelzkragen, eine lederne Schultasche und fuhr mit einem knatternden VW Käfer in seine Fabrik im Palais Grassalkovich, einem josephinischen Schlösschen gegenüber vom Augarten.

Der pfiffige Sodafabrikant Klein, gelernter Schauspieler, Regisseur, Autor und Kabarettist, wusste 1957 die Tiefe der Sehnsucht nach einer intakten Heimat mit der urbanen Bosheit zynischen Wienertums zu verbinden. Das Logo von Kleins Kräutersprudel, das Trachtenpärchen – eine Magd und ein Knecht in Dirndl und Lederhose, beide von sombrerogroßen Trachtenhüten beschattet –, schien gerade einem Wetterhäuschen entsprungen zu sein. Die Botschaft des Sprudelsignets: Wetter gibt's keins, schlecht ist gut, schön ist schiach, Prost! Besser konnte man die Stimmung im Nachkriegsösterreich nicht benennen, das Kräuterkracherl wurde ein Renner. In den ersten Jahren beförderten täglich 1000 Lieferwagen die Almdudler-Kisten in die Gasthäuser.

Der Name Almdudler wollte vieles bedeuten. Dudeln nennen die Wiener das Jodeln und Andudeln das Betrinken.

Den Almdudler in der elefantenfußförmigen, golden durchscheinenden Flasche gibt es noch immer, seine Konkurrenten auf dem Sprudelmarkt, Sinalco, Bluna, Afri-Cola, Traubisoda, Schartner-Bombe, Libella, Chabesade und wie sie alle hießen, kennt außer Heimatforschern und nostalgischen Hipstern heute kaum noch jemand. Einzig die Frucade hat sich auch gehalten. Hermes Phettberg hatte das Orangensoda mit seiner wunderbaren Talkshowparodie, der „Netten-Leit-Show", legendär gemacht. Mit der unsterblichen Einstiegsfrage „Frucade oder Eierlikör?"

Heute wie damals setzt sich Almdudler aus Mineralwasser, Kräuteressenzen, Zitronensäure, Zucker und dem Farbstoff Zuckercouleur zusammen. Das typische Aroma wird, so heißt es, aus 29 verschiedenen Alpenkräutern und Alpenblumen gewonnen und zum Almdudler-Kräuter-Destillat verarbeitet. Der unverkennbare, bislang nicht zu imitierende Geschmack entfaltete sich erst durch die lange Lagerung des Destillats in Eichenfässern. In diesem Mythos wollen wir ein Wiener Echo auf die Geheimformel der Coca-Cola-Essenz sehen.

Heute werden pro Jahr über 80 Millionen Liter Almdudler produziert. Der große Teil des Kracherls wird im Inland konsumiert, nur ein Siebtel des Kleinschen Alpensprudels gehen ins Ausland. Und wenn den dort niemand hat, „geh I wieda ham", heißt es in der allgegenwärtigen Almdudler-Werbung.

Außer der Mannerschnitte fiele kein anderes originäres Markenprodukt mit solch' ausschließlicher Österreichischkeit auf. Dabei war der Almdudler, das „Hirtenlulu", wie es böse Zungen nennen, gar keine originäre Erfindung des umtriebigen Sodakommerzialrats. Vor der Trachtenpärchenoffensive hatte man landesweit unter „Almdudler" ein Mischgetränk aus Wein oder Most und einem kohlensäurehaltigen Limonadegetränk verstanden, das besonders in den Alpengegenden in Wirtshäusern und auf Almhütten schon seit Jahrzehnten unter dieser Bezeichnung ausgeschenkt wurde. Und vor der Kracherlzeit konnte man sich den ganz privaten Almdudler aus Hollersaft, Weißwein und einem Spritzer Soda zusammenschütten. Natürlich auf einer Alm. Und natürlich nicht allein. Ganz in dieser Tradition kursieren auch heute noch

Mixgetränke aus den erwähnten Grundessenzen, so der „Almradler", eine Mischung aus Almdudler und Bier, die Weinmischungen „Almdudler Rot" und „Almdudler Weiß", (auch süßer Gespritzter, Kaisermischung, Liftler oder Tiroler genannt). Die fahruntüchtig machende Mischung aus Wein, Almdudler und Mineralwasser heißt denn sicherheitshalber auch „Dreiradler".

DER SCHNITT

Neulich im Schweizerhaus, gleich bei der Schank, am Tisch neben geeichten Stammgästen, erzählt doch einer: „Kann leicht sei, dass si da Bua vom Oidn hersetzt und di auf an Schnitt einladt." Was bitte ist das? Ein Schnitt von der Stelze? Radi? Ein Schnitt-zel? Und wer ist der Bua vom Alten? Einer von Kolariks Buben? Bitte um Aufklärung!

Mit dem „Bua" ist keiner der Schweizerhaus-Kellner gemeint, auch wenn das Novizen nach Lektüre des Bierdeckelaufdrucks „Kolarik & Buben" gerne behaupten. Der „Bua vom Alten" ist in unserer Geschichte höchstwahrscheinlich Karl-Jan Kolarik, der jetzige Inhaber und Sohn des legendären Schweizerhaus-Wirten Karl Kolarik, Compagnon des schon erwähnten Herrn Buben (der tschechische Familienname bedeutet: Trommel).

Der „Schnitt" ist keine Speise sondern bezeichnet das Hineinschneiden eines außertourlichen Krügerls in den unablässig rinnenden Bierfluss an den Zapfhähnen – ein Privileg des Wirts und ein Zeichen höchsten Respekts für einen Gast. Ein „Schnitt" ist naturgemäß schnell eingeschenkt und deshalb stets ein mehr oder weniger halb volles Glas mit unüblich viel Schaum. Der Begriff ist weder wienerischen (wie der Ort) noch tschechischen (wie das Bier) und schon gar nicht schweizerischen Ursprungs (wie der Name des Hauses vermuten ließe). Größere Verbreitung hat er im süddeutschen Raum, wo er weniger das „Bier aufs Haus", serviert durch den Wirt höchstpersönlich, bezeichnet, sondern schlicht das halb volle Bier. Ganz anders das „Ottakringer Schnitt". Die Hopfenmelange ist Österreichs einzige „Bier-Cuvée" und wird aus frischem Hellen und molligem Dunklen gemischt. Prost!

DER RUSSISCHE TEE

Viele in Wien trinken gerne schwarzen Tee mit Milch und versuchen dieser Leidenschaft in Wirtshäusern und Cafés zu frönen, meist mit geringem Erfolg. Kellnerfragen, welcher Tee denn bitte sehr gewünscht sei, hinterlassen nicht wenige Gäste ratlos. Früchtetee mögen die wahrhaftigen Teetrinker nicht und die Bezeichnung „Russischer Tee", einst ein Wiener Spezifikum, hat Patina angesetzt. Müssen bei solcher Bestellung lauwarmes Wasser und Teeblätter aus Putins Reich befürchtet werden? Keineswegs.

1638 schenkte ein mongolischer Fürst dem russischen Zaren Michael Romanow sechzig Kisten Tee. Das aromatische Getränk war bei Hof schnell „le dernier cri" und wurde bald darauf in großen Mengen mit Karawanen von China nach Russland transportiert. Mitteleuropa bezog asiatischen Tee vor allem aus Russland, daher der Name. Russisches Teewasser – „Kipyatok" – wird traditionell in Samowaren zubereitet. Diese Teekessel haben Aufsätze, auf die kleine Kannen für „Zavarka" – Teekonzentrat – gestellt werden. Die Zavarka zieht einige Minuten. Anschließend wird das – unverdünnt stark narkotisierende – Konzentrat mit dem brühheißen Wasser aus dem Samowarkessel nach Belieben gemischt. Russischer Tee wird in Gläsern serviert, die in kunstvoll verzierten Metallhaltern – „Podstakanniks" – stehen. Russen versüßen Tee mit einem Stück Zucker oder einem Löffel Marmelade, der vor dem Trinken in den Mund genommen wird. Gelegentlich wird auch Zitrone dazu gereicht, Milch ist dagegen weitgehend unerwünscht. Diese Sitte wäre in England üblich.

In Wien trank man „Russischen Tee" in Porzellantassen und bereitete ihn englisch zu. Vor der Verwendung von stählernen Teesieben – „Teeseicherln" – schmeckte Wiener Tee ganz leicht nach dem Silberputzmittel der damit polierten Teekannen oder in den weniger begüterten Wiener Haushalten nach dem dezent-schwefeligen Eigengeschmack der Alpaka-Löffel (die aus einer Kupfer-Zink-Nickel-Legierung bestanden).

DER GLÜHWEIN

Wenn die Temperaturen in den Keller fallen und der Nebel sich über das Land legt, werden die Wiener sentimental. Aber statt daheim den Zimmerkamin zu entfachen, sich aufs Sofa zu legen, gemütlich Nietzsche zu lesen und einer gepflegten Harfensonate zu lauschen, sich also einzustimmen auf das Kommen des Winters, drängen sie ins Freie. Sie fürchten die Freiheit, aber sie lieben das Freie. Die Wienerin und der Wiener. Aber nicht gemeinsam. Der Wiener geht zum Glühweinstand. Die Wienerin auch. Zu einem anderen. Gleich nach der Arbeit. Statt der Arbeit. Es mag Menschen geben, die kein Dach über dem Kopf haben. Nicht so der Glühwein. Der Glühwein hat immer ein Dach über dem Kopf. So stehen also Wienerin und Wiener beim Glühweinstand, jeder bei einem anderen und trinken sich den Herbst schön. Den Herbst und die Probleme, die Sorgen und die Angst. Wenn der Glühwein durch die Kehle rinnt, seine Süße das Herz aufweicht und der Alkohol die Zunge lockert, beginnt das große Vergessen. Am Glühweinstand steht der Wiener zwar nicht gemeinsam, aber auch nicht alleine. Stets sind Mitleidende da, die an der selben Krankheit laborieren. Am Schmerz der Zeit. An der Regierung. An der Firma. An der Gattin und am Gatten. Am Dasein. Elend wäre das, gebe es das Vergessen nicht, das im Glühwein sitzt und in die Tiefe will. Dorthin, wo das Gehirn sitzt. Zwischen den Beinen. Das Gehirn in der Tiefe drängt zum nächsten Glühweinstand, weit ist er nicht weg, gleich Giebel an Giebel, dort wo so laut gelacht wird. Wo gelacht wird, hat das Vergessen schon eingesetzt und die Gatter der Lustigkeit geöffnet. Wo die Lustigkeit spaziert, ist die Lust nicht weit. Nach Hause ist es nicht weit. Man könnte ja jetzt geschwind. Obwohl. Der nächste Glühweinstand auch noch ausprobiert gehört. Wie ja überhaupt ein Glühwein nie wie der andere schmeckt. Der Nebel kriecht jetzt in den Wiener und ein paar Giebel weiter, auch in die Wienerin, legt sich über beider inneres Land. Angst hat jetzt keiner mehr, auch keine Sorgen mehr. Einen Glühwein noch, dann gehts nach Hause. Die Harfe spielt schon. Die Innere. Ihre ist lauter.

DAS GULASCH

Das Gericht, das österreichische Speisekarten als „Gulasch" kennen, ist eigentlich ein Wiener Saftgulasch. Das klassische ungarische „gulyás" entspricht eher unserer Gulaschsuppe, während sich unser Gasthausgulasch aus dem „gulyás hús", einem rindsragoutartigen Kesselgericht ungarischer Rinderhirten entwickelt hat, das um 1850 über Pressburg (das slowakische Bratislava und ungarische Pozsony) nach Wien gekommen war. Auf seiner Reise hat das Gulasch die ursprünglichen Paprikaschoten durch fein gemahlenen Paprika ersetzt, den türkischen Pfeffer, wie man früher sagte.

Was österreichische Zungen als Gulasch/Golasch kennen, nennen die Ungarn „pörkölt". Mit Rahm versetzt heißt es „tokány" und muss nicht mal Paprika enthalten. Das „Szegediner Gulasch" stammt zwar auch aus Ungarn, aber nicht aus Szeged, sondern aus Budapest und heißt dort „Székely-gulyás". Es wurde von einem Herrn Székely, Archivar des Komitats Pest, erfunden, als dieser 1846 im Restaurant Spieluhr nach der Sperrstunde noch essen wollte und sich nur mehr Reste von Sauerkraut und Pörkölt finden ließen. Heute heißt dieses Gericht „Székelykaposzta" (Székely-Kraut). „Gulyás" ist im Ungarischen übrigens kein Gericht, sondern der Rinderhirte.

Nach übereinstimmender Erörterung mit Christian Dusl, dem Bruder der Autorin, der vom 5-Sterne-Hotel bis zum Gasthaus schon überall gekocht hat, wolle man das Wiener Gulasch doch bitte so zubereiten:

Als Faustregel nehme man zu gleichen Gewichten weiße Zwiebel und großwürfelig geschnittenes Rindfleisch. Und zwar Wadschunken. Bei der Alternative gehen die Meinungen auseinander. Der Bruder der Autorin bekennt sich zum Rindswangerl, während letztere fettarme, wenngleich großartige Ergebnisse mit dem Flachen Zapfen erzielt hat.

Im Gulaschkessel mache man Schweineschmalz heiß und schneide Zwiebel hinein. Um zu verhindern, dass die Zwiebel anbrennen, kann man sie salzen. Jetzt schmeiße man ganze, gehäutete Knoblauchzehen nach, nicht zu viel mildes Paprikapulver und, wenn das langsam schwitzende Zwiebelfett bräunlich wird, Tomatenmark. Das Geheimnis des Gulaschs liegt in der Langsamkeit des Garens. Auch dem süßen Paprika tut das gut. Er darf ja nicht anbrennen, weil er sonst bitter wird. Jetzt wolle man bitte aufgießen, mit klarem Wasser, etwa so viel, wie das spätere Gulasch an Volumen haben soll. In das Proto-Gulasch bringe man Salz, Pfeffer, gemahlenen Kümmel ein, Majoran und Lorbeer. Die jeweiligen Mengen bestimme das Kochtalent.

Auf kleinster Flamme köchle das nun. Ohne Eile gebe man das Fleisch dazu. Keine Langsamkeit wäre hier zu groß. Gulasch muss nicht kochen. Gulasch kann vor sich hin wärmen.

Umrühren wolle man, wenn sich der Gedanke daran einstellt. Gulasch garen ist nichts für Kleingeister. Ein Gulasch kann nur zu früh, nie jedoch zu spät vom Herd genommen werden. Wissende haben unglaublich schmackhafte Gulasch in Erinnerungen, die einen ganzen Tag auf dem Holzherd gestanden sind.

Irgendwann kommt es im Gulasch zu einer alchemischen Reaktion, von der Autorin „Mojopunkt" genannt: Innerhalb von Sekunden wechselt das Gulasch seine Farbe von einem rostig-flüssigen zu einem erdig-sämigen Braun. Jedes Gulasch, das vor dem Mojopunkt in einen Teller gefüllt wird, ist ein vergebenes Gulasch. Ein Missverständnis. Ein Irrtum. Ein Unglück. Seine sämige Wirtshauskonsistenz bekommt das Gulasch erst jenseits des Mojopunkts. Mythologen des Gulaschs wollen wissen, dass die schwarzbraunen Kesselreste alten Wirtshausgulaschs im neuen Gulasch weiterkochen und man getrost die Theorie des hundertjährigen Gulaschs aufstellen könne.

DAS SALZSTANGERL

Alle Versuche, ein Wiener Salzstangerl mit einem normalen Brotmesser freihändig durchzuschneiden enden mit demselben Dilemma: Es bricht zumindest ein Zipfel, meistens jedoch brechen beide ab. Haben die Bäcker da eine Salzstangerl-Sollbruchstelle eingebaut? Im Wettstreit mit der Bekanntheit dieses Befundes liegt die Erkenntnis von der wahren Bestimmung des salinen Stangengebäcks. Ab 1727 wurde Wiener Bäckern erlaubt, sogenanntes „Mundgebäck" zu erzeugen. Davon gab es nach Form und Qualität viele Varietäten, wie Mundlaberl (später Schusterlaberl und Rosensemmerl genannt), Kipferl, Anis- und Mohnweckerl. Und natürlich die Semmel. Eine Möglichkeit, Semmelteig zu verarbeiten, war der „Salzflecken". Dabei wurde (und wird) der Teig mit dem Rollholz zu ovalen Flecken ausgewalzt, mit der Hand eingerollt, mit der Oberseite in eine Mischung aus grobem Salz und Kümmel gedrückt und im Ofen wie eine Semmel gebacken. Aus dem „Salzflecken" wurde irgendwann, bei unverändertem Aussehen und gleichgebliebener Form, das „Salzstangerl". Wie die Semmel kann das Wiener Salzstangerl „rescha oder waacha bochn wean", also knuspriger oder weicher gebacken werden. Auch die Länge und die Dotierung mit Salz und Kümmel können von Bäckerei zu Bäckerei variieren. Zur Frage des Schneidens von Salzstangerln kann nur ein rigoroser Standpunkt angeboten werden. Salzstangerl werden nicht geschnitten, sie werden gebrochen und gerissen! Ein letztes Echo auf die originale Konsumationsmethode finden wir im Wiener Wirtshaus, wo zum Gulasch (und zum Auftunken desselben) ein Körberl mit Semmeln und Salzstangerln gereicht wird. Ohne Brotmesser selbstverständlich, wird doch vom „Mundgebäck" abgebissen oder abgerissen. Messer verwendete man, als Salzstangerl, Semmeln und dergleichen aufkamen, ausschließlich zum Schneiden krustenharten Brotes. Im Lichte dieser Erläuterungen darf empfohlen werden, in der Unschneidbarkeit von Salzstangerlspitzen kein Defizit, sondern einen haptischen Gewinn zu erblicken.

DAS SEIDEL WONNE

Biertrinkenden in Wien ist ein kleines Bier seit alters her als Seidel bekannt. Verwirrung stiften immer wieder Getränkekarten, in denen die offene Cervesia als „Seidl" geführt wird. Die Umrechnungstabellen einschlägiger Kochbücher weisen eine Menge von 0,3 Liter Bier indes als „Seiterl" aus. Der Liedermacher Wolfgang Ambros, einer der es wissen müsste, singt in der Beantwortung der Frage, was denn sei sein Lebenselixier: „A Gulasch und a Seitl Bier".

Unser Ausdruck für die kleinere der beiden heute gebräuchlichen Bierglasnormen war ursprünglich ein Maß für Flüssiges wie Trockenes und kommt vom lateinischen „sitella", einem urnenförmigen Eimerchen, dem Diminutiv zu „situla", womit im Mittelalter ein kleineres Gefäß für Wein bezeichnet wurde. Das Seidel, wie es heute offiziell heißt (das Österreichische Wörterbuch erlaubt auch die Schreibweise „Seitel") ist irgendwann aus der Kloster- und Urkundensprache ins Mittelhochdeutsche ausgebüchst und hat sich als „sîdel" im Proto-Österreichischen wohlzufühlen begonnen. Das „Seiterl", wie das Seidel in Analogie zum Krügerl oft und falsch genannt wird, wäre bereits ein kleines Seidel. Dafür hat das Wienerische aber inzwischen den Audruck „Pfiff" in Umlauf gebracht. Im legendären Salzgries, keine schlechte Adressse für gute Ausdrücke, hieß das Seidel: „Hopfenkaltschale klein". Den Pfiff nannten Eingeweihte „Leck-mi-am-Oasch-Glasl". Schön sprechen!

DAS WIENER SCHNITZEL

Es hat eine Fassade und ein Innenleben, die sich drastisch von einander unterscheiden. Ein richtiges Wiener Schnitzel ist so ausgedehnt und so dünn, dass es eigentlich nur aus Oberfläche besteht. Gelungen ist seine Panade oder Panier, wie man in Wien sagt, wenn sie nicht auf dem papierdicken Kalbfleischhauch klebt, sondern sich kräuselt, wie die Wellenbadbrandung im Stadionbad. Es gibt keine Speise, die dem Wesen der Stadt mehr entspräche, als der dünne Fleischfetzen in der goldenen Bröselkruste.

Die dünne Panadenflade heißt erst seit dem 20. Jahrhundert „Wiener Schnitzel", davor kannten es die Kochbücher als „escalope de veau à la viennoise" oder „eingebröselten Kalbschnitz". Küchenmythologisch ist das Wiener Schnitzel ein frühbürgerliches Gericht, es konnte vollständig in der Küche zubereitet werden, musste nicht tranchiert oder aufgelegt werden. Seine Zubereitung teilt es mit einer Vielzahl anderer Speisen, die es in dieser Form nur in der Wiener Küche gibt. Paniert und „schwimmend" im Schmalz gebacken wurde alles. Ob Fleisch, Geflügel, Fisch oder Gemüse.

Vor allem Panierten war das Gold. Wer es sich im Oberitalien des Cinquecento leisten konnte, hatte seine Speisen nach byzantinisch-venezianischer Manier mit Blattgold belegen lassen. Der durchgeknallte lukullische Spleen hatte den Rat der Serenissima schließlich sogar dazu bewogen, das Vergolden 1514 überhaupt zu verbieten.

Mythologisch nicht unbedenklich ist die Tatsache, dass es sich bei edelmetallbedeckten Rinderkindern, auch wenn sie dünn geschnitten am Teller lagen, um nichts weniger als um Goldene Kälber handelte. Tanzdarbietungen in Gegenwart von Schnitzelessenden waren also durchaus geeignet, den Zorn Gottes zu rühren.

Als Ersatz für die Goldhaut erfanden die Küchenchefs das Panieren, das „Vagoidn vom Obochanan", wie man es später in Wien nennen sollte, das Vergolden des Abgebackenen. Auf diese Weise soll jedenfalls das Kotelett auf Mailänder Art entstanden sein, von dem Kaiser Franz

Josephs lombardischer Armeekommandant Feldmarschall Radetzky so angetan war. Dass die Lieblingsspeise der Österreicher aus Italien kommt, wurde allerdings erst im Jahre 1969 in einem italienischen Gastroführer behauptet. Das Wiener Schnitzel sei eine nach Wien gewanderte Form der „cotoletta alla milanese".

Die „Bochanen Schnidsl", das Landesgericht, schmecken trotz ihrer italienischen Herkunft und ungeachtet ihrer Etymologie in einem Wiener Wirtshaus am besten und werden dort folgendermaßen hergestellt: Unter einer Wiener Schnitzel-Panier verbirgt sich Kalbfleisch. Es wird aus der Kalbsschale oder dem Fricandeau, am besten aber aus der Kalbsrückenrose (das zugeputzte Fleisch ohne den sogenannten Deckel) geschnitten. Und zwar mit dem Schmetterlingsschnitt. Dabei wird die flache Hand auf eine quer zur Faser geschnittene Fleischscheibe von der doppelten Schnitzelstärke gelegt und das Proto-Schnitzel mit einem scharfen Messer waagerecht fast ganz durchgeschnitten. Fast ganz, denn ein kleiner Bug muss die Hälften noch verbinden. An dem Bug falten wir das Schnitzel jetzt wie einen Schmetterling auf und plätten es mit einem breiten, aber zahnlosen Klopfer. Jede Ungleichmäßigkeit in der Dicke, jedes Zerreißen durch Klopferzähne wäre fatal.

Das rohe und hauchdünne Schnitzel salzen wir. Mehr tun wir ihm nicht an. Auf jeder Seite drücken wir es in griffiges Mehl und beuteln es ab. Nun tauchen wird unser Schnitzel, wieder beidseitig, in gut verrührte, „verklopfte" Eier. Die rohe Eimasse muss wie ein Film am Schnitzel haften, sie darf nicht patzen oder klumpen.

Alte Semmeln, beim Bäcker gerieben erhältlich, werden durch ein Haarsieb geschüttelt. In den feinen Semmelrieb drücken wir nun das Schnitzel. Beidseitig. Eiklumpen in den Semmelbröseln mögen wir durch regelmäßiges Sieben entfernen.

In einer Pfanne haben wir mittlerweile Butterschmalz geschmolzen – geklärtes Butterfett, wie das indische Ghee. Das Fett muss heiß sein und so reichlich, dass das Schnitzel darin schwimmen kann. Als Temperaturtest kann man einige Brösel ins Fett streuen. Gehen sie unter, ist das Fett zu kühl.

Schwimmen müssen die Schnitzel im Fett, weil sie sonst nicht gleichmäßig garen.

Während des Backens schwenken wir das Schnitzel in der Pfanne hin und her – durch das heiße Fett auf der Oberseite legt sich die Panier nicht gänzlich an das Fleisch an und kann die berühmten und gesuchten Blasen aufwerfen.

Nachdem die Unterseite goldgelb gebacken ist, wenden wir das Schnitzel. Wenn auch die Oberseite fertig ist, ziehen wir das Schnitzel senkrecht aus der Pfanne und lassen es abtropfen. Die Reste des Butterschmalzes saugen wir auf, indem wir das Schnitzel in ein frisches weißes Küchentuch einschlagen.

Als Beilage sei ausschließlich eine halbe kernlose Zitrone erlaubt. Zitronenspalten und die ebenso unergiebigen wie bitteren Zitronenräder haben Sparsamkeitsmechanismen zur Ursache. Petersilbäuschchen und andere Verzierungen sind unerhörter Dekorationsschnickschnack und sollten dem Kellner um die Ohren gehauen werden. Dazu wolle man sich Erdäpfelsalat und ein kühles Seidel 16er (Ottakringer) servieren lassen. Auch das Gösser tut Gutes.

DER ERDÄPFELSALAT

Solanum tuberosum ist unter vielen Namen bekannt. In den beiden Österreichs als „Bramburi" (wo es vom tschechischen „brambory" – Brandenburger kommt, wo die Ackertrüffel schon früh angebaut wurde). Im Süden und Westen sagt man zur Kartoffel „Grumpir" (Grundbirne), im Salzburger Lungau gar „Eachtling" (Erdling). In Wien und seinen Kolonien ist die Nachtschattenknolle aber als „Eadopfe" oder „Eapfe" (Erdapfel) bekannt. Das deutsche Wort Kartoffel kommt von der Tartuffel und ist nichts anderes als der italienische Name der Trüffel, mit der man, wegen der großen Ähnlichkeit, die neue Erdfrucht zusammenwarf. Der Botaniker Caspar Bauhin nannte die Staude 1590 noch Grüblingsbaum, Knollenbaum.

Unsere heutigen Grüblingsbaumknollen stammen alle von haselnussgroßen Erdfrüchten ab, die in den Anden des heutigen Peru und Boliviens bereits 8000 Jahre vor Christus angebaut wurden. Wegen des hohen Gehalts an Solanin schmeckten sie wohl eher kratzig, wissen die Paläobotaniker.

In Österreich soll der Erdapfel erstmals um 1620 in Seitenstetten aufgetaucht sein. Der Abt des Stiftes, Kaspar Plautz, so heißt es, habe von einem belgischen Gärtner Erdäpfelknollen erhalten und sie im Klostergarten angebaut. Der Geistliche hielt viele praktische Tipps und Rezepte schriftlich fest, unter anderem ein Rezept für Erdäpfelsalat. In der Klosterküche selbst fand die satanische Knolle keinen Platz.

Erst Maria Theresia verpflichtete die Bauern, Erdäpfel (Bramburi) anzubauen. Speziell im hungerleidenden Waldviertel wurde der Anbau befohlen. Der endgültige Durchbruch als Österreicher-Nahrung gelang der Knolle im bayrischen Erbfolgekrieg zwischen Preußen und Österreich 1778 bis 1779, auch als „Kartoffelkrieg" bekannt. Die verfeindeten Truppen beraubten einander der Verpflegung und gruben sogar die Erdäpfel des Gegners aus.

Die nachtschattige Erdknolle der Inkas hat als Grundnahrungsmittel einen festen Platz im Wiener Küchenuniversum. Kein Gericht jedoch darf man für Wienerischer erachten, als den „Eadäpfesalod" (Erdäpfelsalat). Und kein Gericht wird in Wien patscherter zubereitet als der süßsauerwarme Patatenhaufen. Wie es ginge, wenn es geht, sei hier expliziert. Erdäpfelsalat wird aus speckigen Erdäpfeln der Sorten Sieglinde, Kipfler oder Ditta zubereitet. Schon bei der akzidentiellen Aussprache des Wortes „Kartoffel" misslingt das Gericht. Die Pataten heißen wienweit „Eadäbfe". Die Grundbirnen werden gewaschen und mit der Schale in Salzwasser gekocht. Den heißen Knollen ziehen wir dann mit einem Messer die Haut ab, die kleinen schwarzen Punkte, Augen genannt, stechen wir aus.

„Oisa woama" (noch warm) schneiden wir die Erdäpfel in Scheiben. Währenddessen haben wir grob geschnittene Zwiebel in Wasser ausgckocht. In den abgeseihten heißen Sud (und nicht in Rindssuppe, wie es oft getan wird) rühren wir körnerlosen Senf, streuen etwas Staubzucker, salzen und würzen mit gemahlenem weißen Pfeffer. Diese Mischung gießen wir jetzt über die Erdäpfel, sie sollen sich mit dem heißen Sud ansaufen. Die Hitze der Marinade wird die Erdäpfelstärke freisetzen, der Senf die Erdäpfel glitschig machen.

Jetzt muss der Salat rasten und Temperatur verlieren. Es wird Zeit, roten (und nur solchen) Zwiebel fein würfelig zu schneiden. Keinesfalls in Räder, wie es gerne und fälschlich gemacht wird. Über den lauwarmen Erdäpfelsalat schwenken wir jetzt Sonnenblumenöl. Ganz zuletzt kommen die roten Zwiebeln dazu.

Erdäpfelsalat wird handwarm gegessen. Eine einzige Variante dieses Rezepts ist erlaubt. Jene mit nussig schwarzem Kürbiskernöl. Und die auch nur in der Steiermark.

DER KAISERSCHMARRN

Kronenkraxler rücken die Entstehung der üppigen Teigspeise in die unmittelbare Nähe Kaiser Franz Josephs. Der Legende nach soll der gerissene Omelettehaufen dem Monarchen bei einem seiner Jagdausflüge im Salzkammergut vorgesetzt worden sein. Den simplen Holzfällerschmarrn hätte man ihm zu Ehren mit guten Zutaten wie Milch, Rosinen und Eiern verfeinert. So sei aus einem derben Waldarbeitergericht ein vornehmer Wiener Kaiserschmarrn geworden.

Andere Legenden wollen im Kaiserschmarrn eine Wortschöpfung kaisertreuer Landsleute sehen, die besonders beliebten und daher besonders vielen Grundgerichten ihrer Küche die Monarchensilbe voranstellten. So kennt die Wiener Küche den Kaiserauszug (Mehl der besten Qualität), das Kaiserfleisch (geräucherte Schweinebrust), den Kaiserg'spritzten (Mostschorle mit Holunderblütensirup), das Kaisergulasch (eine Kalbfleischvariante mit Kapern), die Kaisermelange (Mokka mit Eigelb und Cognac), das Kaiserschnitzel (Kalbsnuss mit gehackten Sardellen, Kapern und Zitronensaft) und die Kaisersemmel. Alles bei Kaiserwetter zu genießen.

Tatsächlich ist der Kaiserschmarrn ein Kaserschmarrn, das schwere Gericht der Kaser, der hochalpinen Käsemacher. Der Schmarrn hat seine sprachliche Herkunft im Schmer, im Fettbrei.

Nirgendwo kann man besseren Ka(i)serschmarrn essen als bei Heli König auf der Loserhütte ob Altaussee. Liegt es an der würzig-kalkigen Luft des Losers, an den Nebelschwaden, die vom Altausseer See heraufziehen, oder geben die Kühe auf der Augstalm auf 1540 Metern andere Milch?

Heli König jedenfalls nimmt für seinen Ka(i)serschmarrn vier Eier, ein Achtelliter Milch, eine Prise Salz und eineinhalb Esslöffel glattes Mehl. In der großen Pfanne (soll der Schmarrn nach Eisen schmecken, darf es eine eherne sein) schmilzt er Butter und Margarine. Bei mäßiger Hitze kommt der gut verrührte Palatschinkenteig einen kleinen Finger dick in die Pfanne. Der Teig bäckt sich jetzt von unten her durch. In den oben noch feuchten Kuchen streut der Loserkönig Zibeben (Rosinen). Weil das erst jetzt passiert, fallen sie locker in den Teig und können nicht klumpen. Während Otto Normalkoch die Pfanne jetzt ins Rohr schöbe, um dem Omelette von oben Hitze zu geben, legt Heli König aus demselben Grund einen heißen Deckel auf. Und dann wird das dicke Omelette mit zwei Spateln in Stücke gerissen und gezuckert – und zwar mit Kristallzucker. Staubzucker würde nicht karamellisieren, sondern sich nur untätig in die Butter schmieren. Anders der Kristallzucker, der von der Hitze der Pfannenränder zu köstlichen Mikrozuckerln verglast wird und in den Poren der goldbraunen Schmarrnstückchen festschmilzt.

Im Finale löscht Heli König den Rissteig mit einem Stamperl 38-prozentigem Inländerrum. Der Schmarrn kommt in der heißen Pfanne auf den Tisch und wird mit Staubzucker angeschneit, wie der Sarsteinrücken an einem Schnürlregentag.

Das Gericht kann in Wien nur mit Geschmackseinbußen gefertigt werden. Obgleich würdige Lokalitäten zur Einnahme des Kaiserschmarrns die Wiener Berggasthöfe „Häuserl am Roan" und „Häuserl am Stoan" wären – beide an der Höhenstraße und damit schon in den Alpen gelegen.

WIENER FÄRBUN- GEN

WIEN IST BLAU

Die Farbe Blau hat in Wien wenige, aber markante Spuren hinterlassen. Hellblau war der Campagne-Generals-Rock, den der Graf von Hohenembs trug, wenn er nicht inkognito war. Als Graf von Hohenembs war Seine Kaiserliche und Königliche Apostolische Majestät, Franz Joseph I., von Gottes Gnaden Kaiser von Österreich, unterwegs, wenn er sich und den gastgebenden Ortschaften den protokollarischen Aufwand des allerhöchsten Besuches ersparen wollte.

Hellblau hieß ärarischerseits allerdings nicht hellblau sondern „hechtgrau". So nannte man offiziell alle Farbschattierungen zwischen Taubengrau und hellstem Himmelblau – sofern Stoffe in ihrer Farbe zu militärischer Uniform verarbeitet waren. Die Fabrikation einheitlichen Hechtgraus hätte die verschiedenen Uniformerzeuger des Riesenreichs überfordert. Nur mit diesem semantischen Taschenspielertrick konnte die hellblaue Generalsuniform des Kaisers und die petrolfarbene eines galizischen Frontoffiziers militärisch gesehen als ident betrachtet werden. Uniformen unterschiedlichster Kolorierungen galten ungeachtet der wirklichen Farbwahrnehmung stets als hechtgrau.

„Franz Joseph Procházka" hatten die Tschechen den Kaiser, ihren König, getauft. Nach einer Zeitungsillustration, die den Monarchen auf der nebeligen Prager Karlsbrücke mit der Bildunterschrift „Procházka" (tschechisch: „ein Spaziergang") zeigte.

Der Procházka, wienerisch Prohaska, war außer seinem Großamt als Morgeninspektor des Schloßparks zu Schönbrunn König von Ungarn und Böhmen, von Dalmatien, Kroatien, Slawonien, Galizien und Lodomerien, Illyrien, Lombardo-Venetien auch König von Jerusalem, Erzherzog von Österreich, Großherzog von Toskana und Krakau, Herzog von Lothringen, von Salzburg, Steiermark, Kärnten, Krain und der Bukowina, Großfürst von Siebenbürgen, Markgraf von Mähren, Herzog von Ober- und Niederschlesien, von Modena, Parma, Piacenza und Guastalla, von Auschwitz und Zator, von Teschen, Friaul, Ragusa und Zara, Gefürsteter Graf von Habsburg und Tirol, von Kyburg, Görz und Gradisca, Fürst von Trient und Brixen, Markgraf von Ober- und Niederlausitz und Istrien, Feldkirch, Bregenz, Sonnenberg, Herr von Triest, von Cattaro und auf der Windischen Mark, Großwoiwode der Woiwodschaft Serbien und wie erwähnt auch Graf von Hohenem(b)s.

Die Grafschaft im mittleren Rheintal an der Grenze zur Schweiz hatten die Habsburger 1765 erworben. Warum der Wiener, der alles sehr schön fand und der sich gerne freute, ausgerechnet die westlichste seiner Besitzungen für das Inkognito wählte, muss noch erörtert werden. Das Wappen der Hohenem(b)ser Grafen war jedenfalls ein goldener Steinbock. Die Schildfarbe ist dasselbe helle Uniformblau, das der Schönwettermonarch so gerne trug.

Ein Blau ganz anderer Herkunft gehört zum mythischen Zubehör der Freiheitlichen Partei Österreichs. Die einen meinen, es sei die traditionelle Farbe der Liberalen, während die anderen darin das Kornblumenblau der Deutschnationalen wiedererkennen. Die strahlend blaue Kornblume galt als Lieblingsblume Bismarcks.

Davor hatte sie eine Karriere als „preußische Blume", rund um die Mythenbildung, die vom frühen Tod Königin Luises ausgelöst worden war. Luises Sohn, der spätere Kaiser Wilhelm I. hatte in der Erinnerung an seine Kindheit die Kornblume zu seiner Lieblingsblume erklärt. Lieblingsblumen im Kornfeld, wohin der Blick sich auch wendet.

Die Freiheitlichen selbst berufen sich neuerdings auf den Dichter Novalis als Ahnherrn ihres Blaus. Dessen Vision der „blauen Blume", im Roman „Heinrich von Ofterdingen", war ein zentrales Symbol der Romantik gewesen. Auch wenn die Freiheitlichen die Nähe ihres Blumenblaus zu jenem der illegalen österreichischen Nationalsozialisten in keinen Zusammenhang gebracht wissen wollen, haben sie für Aufregung gesorgt, als sie bei der konstituierenden Nationalratssitzung nach der Wahl 2006 die Kornblume im Knopfloch trugen.

In Gumpendorf wohnt Hermes Phettberg (bürgerlich Josef Fenz), der Apologet des Jeansismus. Der Ursprung der von ihm über jeden literarischen Klee gelobten Baumwollhosen liegt in der italienischen Stadt Genua. Aus der französischen Form des Städtenamens – Gênes – schliff die amerikanische Umgangssprache den Begriff „Jeans". Levi Strauss, ein in Franken geborener Auswanderer, war 1850 nach San Francisco gelangt und hatte für Goldgräber Arbeitsbekleidung geschneidert. Die robusten blauen Hosen waren „Gênes" (Genueser) aus dem Stoff „Serge de Nîmes" (Gewebe aus der Stadt Nîmes), kurz „De-Nim-Jeans" oder Denim Jeans. Den Namen der Nachfahren dieser Hosen verbittet sich Phettberg, je anders als im Pluraletantum auszusprechen. Die Anwendung des Ausdrucks „die Jean" erzeugt in ihm höchste Pein. Josef Fenz' erste Jeans erinnert er circa 1967 vor dem Tor des Hotels zur Alten Post seiner Tante und seines Onkels getragen zu haben. Die Jeans waren Mustangs, in Hollabrunn gekauft. Jeans hätten nicht blau zu sein, sondern „blue", schreibt Phettberg. „Alles andere sind nahezu keine."

Aus Phettbergs „Predigtdienst", jener über die Jahrzehnte in der Stadtzeitung „Falter" veröffentlichten Kolumne (sie folgt dem Kirchenjahr), ist der Terminus des „Jeansboys" bekannt, der in versautem und knallengem, neuerdings auch labbrig hängendem Denim in der Magengrube von Phettbergs Glück das Déjà-vu der andauernden Unerreichbarkeit bewirkt.

Phettberg wurde kaum in Anflügen anderer Hosen gesehen als in den von ihm adorierten Jeans, mindestens einen Winter hindurch trug er allerdings eine blaue Pyjamahose. Im Nebel der Erinnerung verbergen sich jene Spezialjeans, die der „Falter" Hermes in der Bitternis der Zeit nach der „Nette-Leit-Show" schneidern ließ. Fünf reguläre Jeans seien dafür verarbeitet worden, heißt es.

Mit den Finessen des schulischen Schlimmseins beschäftigte sich noch in den 1960er-Jahren ein postkartenformatiges Heftchen mit hellblauem Umschlag, das Mitteilungsheft. Das Mitteilungsheft war der Kassiber, den die Frau Lehrerin verwendete, um mit den Eltern zu korrespondieren.

Die Mitteilungen mussten stets von den Schulkindern selbst eingetragen werden: Turnpatschen vergessen, in der stummen Pause geredet, kein Kreuz geschlagen beim Vorübergehen am Heiland.

Die Verfehlungen mussten nach Diktat mit einer blitzblauen Füllfeder der Marke Pelikan aufgeschrieben werden, diese wurde mit azurblauen Tintenpatronen betrieben.

Aufmerksamen Stadtbenützern und Öffi-Fahrgästen fallen bisweilen zugedröhnt wirkende Jungwiener auf, deren Lippen und Zungen bläulich verfärbt sind. Diese Kolorierung dürfte ihren Ursprung im rezeptpflichtigen Schlafmittel Somnubene haben. Das Medikament aus der Gruppe der Benzodiazepine enthält den Wirkstoff Flunitrazepam. Wiener Giftler rechnen es den „Langsamen" zu, weil es nach oraler Einnahme etwa vier Stunden dauert, bis sich die Wirkung entfaltet. Werden die Tabletten allerdings aufgelöst oder gespritzt, stellt sich schon nach 15 Sekunden ein Rauschzustand ein. Das Medikament hat in den USA eine zweifelhafte Karriere als Alkoholzusatz hinter sich und erlangte als „rape drug" traurige Berühmtheit. Um das Lutschen, Kauen und Auflösen sichtbar zu machen, wurden die hochgradig abhängig machenden Tabletten mit einem blauen Farbstoff überzogen. Konsumenten wirken nach Einnahme betrunken, reden langsam und gehen schwankend. Die blauen Zungen sind da noch das elegantere Phänomen.

In zahlreichen Hinterhöfen und Beserlparks Wiens sprießen seit geraumer Zeit seltsame Bäume mit riesigen Blättern. Ein bekanntes Exemplar dieser Gattung ist weithin sichtbar, es steht am Leopoldstädter Donaukanalufer nahe der Marienbrücke. Noch bekannter ist ein monumentaler Großblattbaum im Rathauspark, der Baumriese mit der stadtgartenamtlichen Nummer 19588 hat einen Stammumfang von 5 Metern und eine Höhe von ungefähr 20 Metern. Botanikern und Dendrologen ist das imposante Gewächs als Paulownia tomentosa oder Kaiser-Paulownie bekannt, das interessierte Publikum kennt den Arbor unter dem Namen Blauglockenbaum. Er ist der einzige blau blühende Baum unserer Breiten. Der schnellwüchsige Baum ist ursprünglich in China zuhause. Dort galt der Brauch, bei der Geburt eines Mädchens einen Blauglockenbaum zu pflanzen. Baum und Mädchen erblühten zur selben Zeit, wenn es ans Heiraten ging, wurde der Baum umgeschnitten und aus seinem Holz die Mitgift der jungen Braut geschnitzt. Heute werden vor allem ostasiatische Musikinstrumente aus dem Blauglockenholz gesägt.

Der Blauglockenbaum produziert Flugsamen, die von den chinesischen Porzellanhändlern des 19. Jahrhunderts als federleichtes Verpackungsmaterial verwendet wurden. Samen aus beschädigten chinesischen Transportkisten sind für das gehäufte Vorkommen von Blauglockenbäumen entlang US-amerikanischer Eisenbahnlinien verantwortlich. Nach Europa brachte den Baum der Würzburger Naturforscher, Arzt und Japanologe Philipp Franz von Siebold. In niederländischen Diensten stehend benannte er ihn nach der holländischen Kronprinzessin und späteren Königin Anna (Pawlowna), eine Tochter des russischen Zaren Paul (Pawel) I. Der Blauglockenbaum war der Lieblingsbaum der Autoren Paul Celan und Ingeborg Bachmann (gut), von Sekten-Guru und Mörder-Hippie Charles Manson (böse) und vom österreichisch-ungarischen Langzeitmonarchen Kaiser Franz Joseph (jenseits). Viele der Bäume, die heute in den ehemaligen Kronländern des Kaiserreichs stehen, sind Nachfahren von Bäumen, die der Habsburger zum persönlichen Augenschmaus dort anpflanzen ließ. Den Rest besorgte der Wind, der Wind, das himmlische Kind und die Autorin dieser Zeilen, die im Rahmen von Guerilla Gardening Samen des Blauglockenbaums in Wien verbreitet.

Im Bewusstsein der kulturaffinen Weltöffentlichkeit liegt Wien an der blauen Donau. Dieser Befund verdankt seine Entstehung dem sogenannten Donauwalzer, im Spätherbst und Winter 1866/67 von Johann Strauss Sohn komponiert. Der eigentliche Titel des berühmten Walzers lautet „An der schönen blauen Donau", katalogisiert unter der Opusnummer 314. Der ursprüngliche Text stammt vom Vereinsdichter des Wiener Männergesangvereins, Josef Weyl und besang nicht den Donaustrom, sondern dessen Anwohner mit den Dichterworten: „Wiener, seid froh, oho, wieso?" Als Strauss später im Jahr, während der Weltausstellung in Paris auftrat und dort dringend neue Kompositionen brauchte, erinnerte er sich an das schon eingeschlummerte Werk. Unter dem Namen „Le beau Danube bleu" wurde das Stück zu einem großen Erfolg. 1889 entstand dann auch ein neuer Text, der mit dem so eingängigen wie einfältigen Reim „Donau so blau, so schön und blau" den neuen Titel des

Walzers berücksichtigte. Wie aber kam es zur tondichterischen Verbindung von Donau und der Farbe Blau? Niemand hat je den Strom zwischen Leopoldsberg und Bisamberg in der besungenen Farbe gesehen. Auch zu Straussens Zeiten nicht. Zwar hatte dieser bei der originalen Benennung des Stücks auf zwei Gedichte des Dichters Karl Isidor Beck zurückgegriffen, die jeweils die Textpassage „An der schönen blauen Donau" enthalten, nur bezog sich Beck nicht auf die Donau bei Wien, sondern bei Baja (deutsch Frankenstadt), seinen Geburtsort. Die Kleinstadt Baja, im südungarischen Komitat Bács-Kiskun, liegt 156 Kilometer südlich von Budapest an der „blauen" Donau. Mit der Farbbezeichnung wird eine Abgrenzung zur „blonden" Theiß vorgenommen.

Der Donauwalzer besingt im Lichte dieser Erkenntnis also fluviale Zustände weitab von Wien, im Dreiländereck Ungarn-Kroatien-Serbien. Alles Walzer!

WIEN IST
SCHÖNBRUNNERGELB

Das Schönbrunnergelb, jene habsburgische Repräsentationsfarbe, die vom Pigment Goldocker in Kalkfarbe hervorgerufen wird, erinnert mit Schaudern an die weichen Eier der Wiener Hotellerie. Das Wiener Hotelei wird traditionellerweise mit einer Temperatur von einhundertvier Grad serviert. Auch die Wiener Kaffeehäuser pflegen die Unsitte des kochend heißen Eies. Solch Dotter hat die pelzig-fahle Gelbheit des habsburgischen Sommerpalasts. Dass einst die ganze Monarchie in dieser furchtbaren Farbe getüncht wurde, macht die Sache nicht leichter. Verwandte Farben sind der sonnengebleichte Postkasten, die Mehlkartoffel und der in der „Nette-Leit-Show" etablierte Willkommenstrunk Eierlikör.

WIEN IST ROT

Das Hämoglobin des Sarazenenblutes, das vor Akkon das Kreuzritter-hemd des Babenbergerherzog Leopold V, genannt der Tugendhafte, rot eingefärbt haben soll, gehört zu den präsenten Farbtönen der Republik. Seine Konjunktur war in der habsburgischen Monarchie, die sich gelb-schwarz präsentierte, noch nicht abzusehen, wiewohl schon damals die Straßenbahnwägen Wiens rot und weiß lackiert herumgondelten.

Deren Farbe kommt nämlich nicht vom Rotweißrot der österreichi-schen Fahne, sondern vom Wiener Wappen, das ein weißes Kreuz auf rotem Grund darstellt. Wie das Banner der republikanischen Schweiz und der Dannebrog, das heiligmässige Fahnentuch der Dänen, das nach der Legende 1219 in einer Schlacht gegen die Esten vom Himmel gefal-len ist, kommt das weiße Wiener Kreuz auf rotem Grund von der alten Reichsfahne des Heiligen Römischen Reichs. Da dessen Kaiser traditio-nell den Adler als Zeichen führten, lag bei Heerfahrten eine Verwen-dung des Kreuzbanners nahe, zumal dieses Zeichen dem Schutzpatron des Heeres, dem Erzengel Michael zugeschrieben wurde, stand dieser doch schon im frühen Mittelalter als Anführer der himmlischen Heer-scharen und Bezwinger Satans in hohem Ansehen. Militärspirituell eingesetzt wird das Reichsbanner zuletzt 1683 bei der Entsetzung Wiens.

Die Wiener Straßenbahnen sind, zumindest der Farbe nach, also Himmelsfahrzeuge und Satansbezwinger. Erzengelkutschen. Michel-bims.

Das Rot des Roten Wien hingegen wurde am 4. Mai 1919 mit den ersten demokratischen Wahlen in Wien und der dabei errungenen absoluten Mehrheit der damaligen Sozialdemokratischen Arbeiterpartei Österreichs manifest. Es sollte 1934 in den Wirren des Bürgerkriegs gegen das klerikalfaschistische Regime des Ständestaats untergehen und für elf Jahre in größtem Diskredit stehen. Unvernarbte Gräben aus der Zeit vor dem „Anschluss" verlaufen heute noch zwischen SPÖ und ÖVP, den Roten und den Schwarzen.

Das Rot der Sozialdemokratischen Partei kommt von weit her. Unter Flaggen dieser Farbe hatten schon die europäischen Arbeiterbewegungen des 19. Jahrhunderts demonstriert. Die hatten ihr leuchtendes Rot bei den Jakobinern abgeholt, der radikalsten der linken Fraktionen der Französischen Revolution.

Weil die Jakobiner stets rote Mützen trugen, vererbte sich die Farbe Rot bei sozialdemokratischen, kommunistischen und trotzkistischen Parteien als Symbol revolutionären und sozialen Gedankenguts. Für die Kommunisten Russlands war die Farbe schon deswegen hip, wie der Bobo sagen würde, weil „rot" und „schön" im Russischen mit demselben Wort, nämlich „krassnij" bezeichnet werden.

Das Rot der Jakobinermützen und damit die Farbe der gemeinhin als „links" katalogisierten politischen Bewegungen hat eine abenteuerliche Geschichte.

Als Phrygische oder Skythische Mütze gilt jene eigentümliche Kopfbedeckung, die – wie der Name schon sagt – einst von den antiken Phrygern getragen wurde. Ursprünglich war die Phrygische Mütze ein gegerbter Stier-Hodensack samt der umliegenden Fellpartie. Das mythische Konzept der Griechen sah vor, dass mit dem Tragen eines tierischen Accessoires die Fähigkeiten des Tieres auf seinen Träger übergingen. Spätere Varianten der Phrygischen Mütze aus Stoff, Tuch, Wolle oder genitalfernem Leder hatten wie das Original einen runden Zipfel, der nach vorn in die Stirn fiel. Im Rahmen eines großen Missverständnisses hat Walt Disney später seine Schneewittchenzwerge mit Phrygischen Mützen eingekleidet.

Die originale Stierhodenkappe, ursprünglich also von Phrygern und anderen anatolischen Völkern getragen, wurde bald charakteristisch für die antiken Iraner und Thraker. Der persische Heros Mithra, der spätere Mithras, wird stets mit einer Phrygischen Mütze abgebildet. Die antiken Griechen hielten die Phrygische Mütze genau wie Hosen für typisch barbarische Kleidung. Persern und anderen Barbaren wurden auf Wandmalereien, Mosaiken und Vasen stets die Phrygische Mütze aufgesetzt. Auch die Heiligen Drei Könige der Bibel tragen auf frühen Abbildungen die Phrygische Mütze, ein Hinweis darauf, dass man die Herkunft der Astronomen aus Persien kannte.

Der Hodensackhut gilt seit dem Frühmittelalter auch als Mütze der Sachsen und Angelsachsen und hat sich aus Anatolien kommend in so entfernte Trachten fortgepflanzt, wie die Kopfbedeckung der neapolitanischen Seeleute, oder den gewiss nicht als Arbeiterführermütze verstandenen Corno Ducale der venezianischen Dogen.

Das omahafte rote Käppi, das Karl Ratzinger, der Prada-beschuhte Pontifex Benedikt XVI., winters gerne trug, jener, an die Zipfelmütze des Weihnachtsmanns erinnernde Pelzhut, ist der phrygischen Mütze durchaus verwandt.

Anders als das weiße Bischofshütchen, das wir von Papst Johannes Paul II. gut in Erinnerung haben. Dieser Zuchetto, offiziell Pileolus, ist seit dem 16. Jahrhundert in päpstlichem Gebrauch und mit der jüdischen Kippa verwandt. Ein praktisches Ding, das natürliche Glatzen und klerikale Tonsuren vor Sicht, Sonne und kalten Kirchenschiffen schützt. Die weiße Farbe hat indes weniger mit papaler Heiligkeit zu tun als mit Papst Pius V., einem Dominikaner, der die weiße Farbe seines Ordens im Vatikan etabliert hatte.

Vor dem Pileolus war der knallrote Camauro die Spitze der päpstlichen Garderobe gewesen. Das Häubchen hat seinen Namen vom griechischen „kamelauchion," schließlich war das Käppi aus rot gefärbtem Kamelhodenleder gekürschnert. Die mittelalterlichen Petrusse verbrämten den Rand der unförmigen Ohrenhaube bald mit Hermelin.

Während der Französischen Revolution wurde die Phrygische Mütze von den Jakobinern als politisches Bekenntnis verstanden, weil ebensolche Kopfbedeckungen, wie es hieß, von den freigelassenen Sklaven der Antike getragen worden waren. Dieser, nun „Freiheitsmütze" genannte Zipfelhut stand in Frankreich und bald auch im restlichen Europa als politisches Signal demokratischer und republikanischer Gesinnung in hohem Ansehen. Auch die französische Symbolfigur Marianne wird mit einer Phrygischen Mütze dargestellt. Republikanische Abbildungen des „Deutschen Michel" (eine in der frühen Neuzeit entstandene nationale Personifikation der Deutschen) zurzeit der Revolution von 1848/49 zeigen diesen häufig mit einer Schlafmütze, die immerhin der Phrygischen Mütze ähnelt.

Das Rot, mit dem Wien an jedem 1. Mai, dem Tag der Arbeit, vom Fahnenmeer der sozialdemokratischen und kommunistischen Aufmärsche eingefärbt wird, ist also nichts weniger als das Rot jener Stierhodenfelle, das sich persische Barbaren aufsetzten, um ihrem Tagewerk mehr animalische Virilität zu verleihen. Die Linke ist Sackmützenrot, um es mal derb zu sagen.

Ebenfalls eine Mütze und ebenfalls tonsurverhüllend ist das rote Käppi des dreimaligen Formel-Eins-Weltmeisters und vierfachen Nierenbesitzers Niki Lauda. Die Schutzkappe für die versehrten Teile seines Gesichts – Lauda war mit seinem Ferrari beim Großen Preis von Deutschland am 1. August 1976 in Flammen aufgegangen – ist immer schon ferrarirot gewesen, schließlich war es das Teamkäppi des Rennstalls.

1978 war der Wiener Lauda nach Differenzen mit dem Paten der Gasgebekunst, dem Commendatore Enzo Ferrari zum Rennstall Brabham-Alfa Romeo gewechselt, der vom Sponsor Parmalat, einem norditalienischen Frischmilchriesen, unterstützt wurde. Die rote Kappe mit deren Logo wurde Laudas weltweit bekanntes Markenzeichen. Die Sponsoren Laudas wechselten im Laufe der Jahrzehnte, die Farbe seines Käppis blieb.

Das laudafarbene Rot der italienischen Nationalheiligtümer Ferrari und Alfa-Romeo ist seit der automobilistischen Frühzeit die traditionelle Farbe italienischer Rennwagen, während britische Boliden stets grün, deutsche silberfarben und französische blau lackiert waren. Niki Laudas Käppi sollte damit hinreichend als genuin italienisches Schnellfahrsymbol decouvriert sein, das mit den Röten Wiens weder verwandt noch verschwägert ist.

Ein ganz anderes Rot, tiefer in seinem Grundton und verspielter, liegt in der himbeerfarbenen Seidentapete vor, mit der das Maria-Theresien-Zimmer in der Wiener Hofburg tapeziert ist. Im Muster des feinen Hofdamasts wollen Fremdenführer die Ananas und ihre spitzen Blätter erkennen. Tatsächlich ist es die Regentin des Almgrunds, die freiheitsliebende Distel, die wir hier sehen. Der große dreifenstrige Raum, der mit der Ananastapete gewandet ist, wird nur vom Licht des äußeren Burghofs erhellt und diente der Monarchin während ihrer Witwenzeit als Schlafgemach. Hier ist Marie Antoinettes Mutter im Jahre 1780 gestorben. Dreiundsechzigjährig. Während die Zeit rückwärts lief.

Das Schlafzimmer der letzten Habsburgerin ist heute der offizielle Zeremoniensaal der Zweiten Republik. Hier empfängt UHBP (Unser Herr Bundespräsident) Staatsgäste zum Privatgespräch. In die hintere innere Ecke des Saals, zwischen Kachelofen und astronomischer Uhr, ist die berühmte Tapetentür eingeschnitten, durch die UHBP aus der Tiefe seines Bureaus kommend, Potentaten und der Öffentlichkeit begegnet.

Über die ursprüngliche Einrichtung sind wir durch ein Bild unterrichtet, das an der Stirnwand des Raumes hängt. Das Zimmer war einst mit dunkelrotem, silberbesticktem Samt bespannt, von dem noch Reste erhalten sind. Erhalten geblieben ist auch die erwähnte astronomische Uhr. Ihr verkehrtes Ziffernblatt soll es der Gattin des Kaisers ermöglicht haben, selbst vom Bett aus, über einen Spiegel, Datum, Uhrzeit und Mondphase abzulesen. Dieser Trakt der Hofburg war noch zu späten Kaiserzeiten als Museum eingerichtet und im Stil des Neorokoko verkleidet worden. Ganz im Sinne der Hoftradition wird auch in republikanischer Zeit nicht darauf vergessen, Wände, Möbel und Vorhänge vom gleichen Stoff bespielen zu lassen.

Vor dem blutroten Muster des Disteldamasts finden die Angelobungen der österreichischen Kabinette statt. Das steinerne Grau der Präsidentengesichter kontrastiert gut mit dem satten Rot der Hoftapete und ist auf vielen detailreichen Fotos dokumentiert.

WIEN IST ROSA

Von stechendem Rosa sind die Kostüme der Aida-Kellnerinnen und der (lange Jahre hindurch dreiflügelige) Automobilführerschein des Landes, etwas gedeckter die Packungen der Neapolitanerschnitten-Marke Manner oder die glücksbringenden Marzipan-Schweinchen der Sylvesterzeit. Rosa waren, wie erzählt wird, neben allen anderen Hofgebäuden der Monarchie, Schloss Schönbrunn und die Hofburg gefärbelt. Joseph II. muss den zarten Farbton, mit dessen poppigem Echo sich heute nur mehr die Schwulenzentrale Rosa-Lila-Villa schmückt, als überaus angenehm empfunden haben. Vielleicht wollte er aber damit auch nur seine Frau Mama, Maria Theresia, schockieren. Das saftige Schönbrunnergelb ist eine Leidenschaft späterer Habsburger.

Mit dem beigen Saiblingsrosa ihres Papiers ist die liberale Wiener Tageszeitung „Der Standard" untrennbar verbunden. Ihr Leserpublikum empfindet die Zeitungsfarbe deswegen eher als rosa denn als beige, weil sie der zuckerlrosa Unverblümtheit der italienischen „Gazetta dello Sport" näher steht als der gänseleberpastetigen Schwermut der „Financial Times".

Ebenfalls weit gereist ist das saftige Rosé der Wiener Extrawurst. Der sprichwörtliche Sonderwunsch wurde dünn geschnitten in die Mittagssemmeln der Wiener Schulkinder eingelegt. Jahrzehntelang.

Die dreiblättrige Extrawurstsemmel beim teigigen Fleischhauer kostete Äonen hindurch exakt drei Schilling, was heute etwa 25 Cent entspräche. Drei Schilling, zwischen Daumen und Zeigefinger eingespannt, waren das nonverbale Symbol für die Extrawurstsemmel. Die Leberkässemmel um einen Fünfer konnte da nicht mithalten. Außer man ging zum Pferdefleischhauer. Das passte dann wieder, weil auf der Fünfschilling-Münze ja ein hüpfender Lipizzaner abgebildet war.

Außerhalb Österreichs heißt die Extrawurst „Lyoner". Diese Wurst, deren Ursprünge nicht unerwarteterweise in der französischen Stadt Lyon liegen, zirkuliert traditionellerweise in Ringform. In Wien heißt diese Varietät Kranzl Extra. Von ihr wird die legendäre Beamtenforelle abgeschnitten, jenes fingerspannlange Schreibtischgericht, das Staatsdienern über den Tagesmittelpunkt hilft. Andere Mythologen halten die kompaktere Knackwurst für den Saibling der Amtsstube.

Das Rot der Extrawursthaut haben die Lyoner Metzger entwickelt, während der Farbton des Wurstkörpers ähnlichen alchemistischen Vorgängen entspringt wie der Leberkäse. Die kastenförmige Backwurst liegt an jeder Wiener Fleischhauertheke im Inkubator. Ihre Ursprünge sind, gegen jede Vermutung, völlig unwienerisch. Der Leberkäse wird auch in Deutschland und in der Schweiz gegessen und verdankt seine Existenz dem pfälzischen Kurfürsten Karl Theodor, der seinen Mannheimer Lieblingsmetzger und dessen Brätkunst 1776 nach München mitgenommen hatte. Normaler Leberkäse enthält weder Leber noch Käse. Sympathisch ist jene Leberkäs-Etymologie, nach der sich der Name vom Laib, also der Brotform und vom westslawischen „Quas" (Schmaus, Gelage) herleitet. Der Wiener Würstelstandkosmos hat dem „normalen" Leberkäse längst die Varietäten Käseleberkäse, Pikantleberkäse (auch als Pfefferonileberkäse oder Chilileberkäse bekannt), Pizzaleberkäse und Bärlauchleberkäse zur Seite gestellt. Im Rahmen seiner herbstlichen Gansl-Festspiele hat das Gasthaus Hansy am Praterstern auch schon Gänseleberkäse aufgetischt.

Im Pantheon der österreichischen Fingerspeisen mag die Leberkässemmel in der ersten Reihe sitzen, den Zeusthron nimmt jedoch der Punschkrapfen ein. Das giftige Rosé seiner Zuckerglasur wird mit Himbeersaft oder Rotwein, im Falle industriell erzeugter Produkte mit Lebensmittelfarbe hervorgebracht. Das pflastersteinförmige Innere der Konditorgranate besteht aus Biskuitteig, der mit einer Masse aus Marmelade, Inländerrum und Schokolade gefüllt ist. Mit der fetten rosa Köstlichkeit wird gerne das Wesen des bösen Wieners beschrieben: Außen rot, innen braun und immer etwas ang'soffen.

Rosa soll schließlich jahrzehntelang der Tankinhalt vieler Wiener Taxis gewesen sein. Obwohl verboten, war es nicht verpönt: Die Verwendung von „Heizöl Leicht" anstelle teuren Dieseltreibstoffs. Der Nachweis von Heizöl in Transportfahrzeugen ist theoretisch einfach. Der Treibstoff ist rosa eingefärbt. Weil sich der Farbstoff relativ leicht herauspanschen lässt, ist der verbotene Taxlersprit zusätzlich mit einer farblosen und selbst in Spuren nachweisbaren Substanz namens „Solvent Yellow 124" versetzt. Oba Jössas, wer waß des schon. Homma in foischn Kanister dawischt, Herr Inschbekta.

WIEN IST ORANGE

Orange ist die schrille Cousine des Rot und die traditionelle Uniform-farbe der Wiener Mistkübler. Aus diesem Schattendasein mochte den Farbton die rechtspopulistisch-nationalkonservative Parteineugrün-dung BZÖ führen, die Jörg Haider als Alternative zu seiner freiheitlichen Partei erfunden hatte, als dort das finanzielle Damoklesschwert zu zap-peln begann.

Möglicherweise haben die ex-freiheitlichen Orange-Erfinder bei der Wappenfarbe des BZÖ an Stanley Kubricks Uhrwerk Orange gedacht, das von einer utopischen Bande gestylter Strolche handelt, die sich bis zum bitteren Ende ganz dem Bösen widmen.

Ein legendäres Markenorange dürfen wir im Signet der einstigen Wiener Stadtbank „Zentralsparkasse" erblicken. Die große orange Z-Kugel drehte sich einst vor jeder Filiale. Die zentrale Sparkassenkugel wurde 1969 vom damals 35-Jährigen, einem größeren Publikum noch unbekannten Avantgarde-Architekten Hans Hollein erfunden und diente den Bankfilialen der „Zentralsparkasse" als einprägsames, stän-dig rotierendes Firmen-Signum.

Aus dieser Zeit stammt ganz sicher auch das Faible der Wiener Ver-kehrsbetriebe für die Zitrusfarbe. Mit dem knalligsten Orange, das die Epoche hergab, statteten die Designer der Untergrundbahn die Innen-raumpaneele der heute schon etwas betagten Silberpfeil-U-Bahn-Wag-gons aus dem Hause Simmering-Graz-Pauker aus.

WIEN IST GRÜN

Dunkles Grün, dem von Spinat nicht unähnlich, war in Wien traditionell die Farbe der polizeilichen Uniformen. Wiener Polizisten, ob ihrer Kolorierung auch Spinatwachter genannt, waren an diesem Grün erkennbar. Ihr ländliches Pendant, die Gendarmerie war in der anderen dominanten Landesfarbe eingekleidet, dem ausgeblichenen Asphaltgrau der Landstraße. Das polizeiliche Grün gibt es nicht mehr. Wie ihre deutschen Kollegen mussten Österreichs Polizisten den dunklen Grünton ihrer Uniformen gegen ein brackiges Dunkelblau eintauschen. Die Gendarmerie und das elegante Grau ihrer altvaterischen Hosen und Jacken wurde überhaupt abgeschafft.

Der grüne Polizist war im Grau der Stadt jederzeit als willkommener Fremdkörper erkennbar. Spinatgrün als Modefarbe war verpönt, galt doch spinatgrün immer und jederzeit als Amtston der Kieberei. Sogar die Dienstwagen der Wiener Polizei, in der Regel VW Käfer, waren grün lackiert.

Kieberer, jenes Wort der Wiener Gaunersprache, mit dem Generationen hindurch die Grünröcke von der Polizei genannt wurden, kommt vom Ausdruck „kibitschen", besichtigen, bespitzeln, eine Nebenbedeutung des alten Verbs „kieben" oder „keiben", das wir heute „keifen" aussprechen. Immer gut für Beleidigungen und auch in jüngerer Zeit durchaus mit der Gefahr der Abmahnung durch die so Bezeichneten verbunden, sind die Ausdrücke „G'schmierter" (vom jiddischen Schemirah, Bewachung) und „Putz" (vom Romani-Wort Pust, Spieß, wie ihn die mittelalterliche Polente trug).

Mit dem Grün der Wiener Polizei verband man provozierenderweise den Begriff „Mistelbacher". Was poetisch, aber nicht unlogisch klang, denn die Mistel ist ein immergrüner Strauch, der auf allerlei fremden Bäumen nach dem Rechten sieht.

Die grün betuchten Ordnungshüter kamen einst tatsächlich aus der Weinviertler Kleinstadt Mistelbach. Dort amtierte eine für die Karriereplanung der Weinviertler Landbevölkerung immens attraktive Wiener

Polizeischule. Der Magnetismus dieses Instituts führte bald dazu, dass eine imposante Zahl der Wiener Polizisten gebürtige Mistelbacher waren, die die Ausbildung zum Wachmann als Sprungbrett in die große Wienerstadt genutzt hatten.

Der „Grüne Heinrich", scheinbar dem gleichnamigen Roman Gottfried Kellers entnommen, bezeichnet den (früher) grün gestrichenen Polizeitransporter. In Deutschland hieß er „Grüne Minna" oder „Grüner August". Der Ausdruck „Heh" ist ein altes österreichisches Wort für Polizei und mit dem „Häfen", dem Gefängnis verwandt. Schönes Vokabular für Streifenpolizisten liegt auch in den Bezeichnungen „Trottoirbeleidiger", „Gassnjaga" und „Pflasterhirsch" vor.

Der polizeiliche Wechsel von Grün zu Blau hat wenig mit dem Erstarken der Freiheitlichen Partei und ihrer Erkennungsfarbe zu tun, obschon die „heimatlich-sozial" orientierte Oppositionspartei unter Polizisten traditionell viele Sympathisanten rekrutiert. Der Farbwechsel hat europäische Gründe. Die Polizisten des unierten Europa sollen an einem einheitlichen Farbton erkennbar sein. Österreich und Deutschland konnten sich mit ihrem Wunsch nach einer europaweit grün tingierten Exekutive nicht durchsetzen. Auch das Rotorange, das die Briten sich gewünscht hatten, fand keine Mehrheit. Frankreich und Italien hatten vom Bleu ihrer Flics und vom Azzurro der Carabinieri nicht lassen wollen.

Ebenfalls den Weg alles Irdischen gegangen ist das intensive Malachitgrün der Unterwäschekette Palmers. Bizarrerweise war just die Markenfarbe der einzige Farbton, in dem man sich keine Dessous oder Strümpfe kaufen konnte. Palmersgrüne Wäsche trugen nur die Palmersverkäuferinnen unter ihren palmersgrünen Dienstkitteln. Dass Palmers seine farbliche Identität aufgegeben hat, sei zu den wirklichen Skandalen der Stadt gezählt. Palmersgrün war ein zentraler Leuchtstoff in den grauen Weiten der Stadt.

Sorgen um seine Vereinsfarbe Grün (eigentlich Grün-Weiß) muss sich der Wiener Fußballverein Rapid nicht machen. Der Sportklub, kurz SCR oder Rahbied geheißen, ist der erfolgreichste Fußballklub Österreichs und mit mittlerweile 32 Meistertiteln Rekordmeister. Der Verein wurde 1898 als „1. Wiener Arbeiter Fußballklub" in den Vereinsfarben Blau-Rot gegründet. Seit 1899 tritt die Mannschaft unter dem Namen Rapid, seit 1905 mit den Vereinsfarben Grün-Weiß auf, wovon sich der Spitzname „Grün-Weiße" ableitet. Die ehemaligen Vereinsfarben Blau-Rot zieren die Auswärtsdressen der Rapid-Spieler.

Heimstadion des SK Rapid war bis Juli 2014 das Gerhard-Hanappi-Stadion in Hütteldorf, einem Stadtteil im Westen Wiens, in dem die „Hütteldorfer" seit 1911 zu Hause sind. Das Stadion wurde unter tränenreicher Anteilnahme der Rapidfamilie abgebrochen. Auf seinem Grund entsteht seit Januar 2015 eine neue Fußballarena, das Allianz Stadion. Während des Stadionneubaus bespielt der SK Rapid Wien bis zur Eröffnung der neuen Spielanlage das Ernst-Happel-Stadion, benannt nach dem legendären Trainer Ernst Happel.

Rapid pflegt neben der Tribünen-Religiosität seiner Fans auch ein eigenes Zeitmaß, die Rapid-Viertelstunde. Damit sind die letzten 15 Minuten eines Spiels gemeint. In historischen Rapid-Viertelstunden konnte Grün-Weiß zahlreiche Spiele komplett umdrehen. Diese letzte Viertelstunde gehört zu den wenigen zaubertechnischen Vorgängen, die in Wien bekannt sind. Sie wird seit 1919 traditionellerweise in der 75. Spielminute vom Publikum rhythmisch und lautstark eingeklatscht.

Der Grüne Veltliner, ein Wiener Traditionsgetränk, ist weder grün noch aus dem Veltlin sondern weiß und aus Niederösterreich. Der beliebteste Tropfen des Landes ist auch der meist angebaute. Auf mehr als einem Drittel der österreichischen Rebfläche wird Grüner Veltliner gelesen, so auch in vielen Rieden Wiens. Dem frischen Weißwein entlocken die Geschmacksknospen-Akrobaten Erinnerungen an Tabak und weißen Pfeffer. Intensive Nasen, so wissen es die Önologen, erspüren hervorragende Zitrus- und Pfirsicharomen.

Der Brünnerstraßler Spritzweintrinker hat den gaumenfrischen Veltliner vielleicht noch unter seinem alten Namen Grüner Muskateller in Erinnerung. So hieß der „Grüve" noch bis in die Dreißigerjahre. Die Bezeichnung „Grüner Veltliner" kommt vom Valtellina, einem Alpental, das dort liegt, wo die Lombardei an die Schweiz grenzt. Obwohl dort Valtelliner-, zu Deutsch Veltliner-, Weine angebaut werden, hat der Wiener Paradewein mit den dortigen Rotweinen nichts zu tun.

DNA-Analysen haben ergeben, dass ein Elternteil des Grünen Veltliners der Traminer ist, der andere ist unbekannt. Weil die weiße Spielart des Traminers nach ampelografischen Erkenntnissen mit dem Savagnin ident ist, dürfen wir den Grünen Veltliner wie seinen Vater, den Burgundersprössling, als naturalisierten Ausländer bezeichnen.

Der Veltliner hat auch deswegen jede Berechtigung mit der Farbe Grün assoziiert zu werden, weil dieser Wein jahrzehntelang in dem einzigen Gebinde zirkulierte, das in Wien für Wein in Verwendung stand, der grünen Dopplerflasche.

WIEN IST VIOLETT

Violett gehört zu den liturgischen Farben und ist für das katholifizierte Österreich von eminenter Wichtigkeit. Die Farbe gilt als Leitmotiv für Übergang und Verwandlung und wird klerikalerseits vor Ostern und vor Weihnachten verwendet.

Lila – oder „'s Lilane", wie der Wiener sagt – kommt jedenfalls aus dem Sanskrit. Er wurde während der Kreuzzüge über das persische und arabische Wort für Flieder nach Spanien und von dort aus nach Frankreich gebracht. Aus dem dort entstandenen französischen Lehnwort „lilas" (Flieder) entwickelte sich schließlich durch phonetische Transkription das deutsche Wort.

Der Flieder selbst hat seinen Siegeszug in die Bürgergärten Europas über Wien genommen. Der Gemeine Flieder (Syringa vulgaris) wurde 1560 vom österreichischen Gesandten Ogier Ghislain de Busbecq, einem französischen Humanisten in kaiserlichen Diensten, aus Istanbul nach Wien gebracht. Der intensiv duftende Frühlingsbusch wurde hier Türkischer Holler getauft.

Viola, das Veilchen oder „Veigerl" wiederum gehört zu den ersten Blüten des Wiener Vorfrühlings. Seine Blüten werden heute noch von der Hofzuckerbäckerei Demel kandiert. Das exquisite Konfekt gehörte zu den wenigen „Speisen", die die anorektische Kaisergattin Sisi während monatelanger Hungerperioden zu sich nahm.

Als „Veigerl" wird in Wien auch der Bluterguss am Auge bezeichnet.

Das violette Souvenir der Wirtshausrauferei wird neuerdings auch in den gürtelnahen türkischen Lokalen der Bundeshauptstadt angeboten. „Was schaust du, isch mach dich Avusturyawien auf de Auge."

Unter den „Veilchen" oder „Violetten" versteht der gelernte österreichische Fußballnarr auch außerhalb von Ethnolokalen die Spieler und Anhänger des Fußballklub Austria, einer der erfolgreichsten Vereine des Landes. Der FAK, wie er auch heißt, wurde 1911 mit den Farben Violett-Weiß von abtrünnigen Spielern des Vienna Cricket and Football Club gegründet und ist seit diesem Tage erstklassig. Die Violetten stammen ursprünglich aus dem Hietzinger Stadtteil Ober Sankt Veit, sind aber mittlerweile im Horr-Stadion am Favoritner Laaer Berg zu Hause. Bei Derby-Siegen der Violetten gegen den Erzrivalen Rapid lässt Karl-Jan Kolarik den gesamten Garten seines Schweizerhauses mit hunderten Fliederbuketts flaggen. Als berühmte Veilchen gelten Matthias Sindelar, genannt „der Papierene", der Weltfußballer Ernst Ocwirk, die mittelgescheitelte Kärntner Torwartlegende Friedl Koncilia, der spätere Köln-Legionär, Tänzer und Sänger Toni Polster und der König von Favoriten und Vizekönig von Córdoba, Herbert Prohaska.

Lila wie die Veilchen, aber von anderer sprachlicher Herkunft ist die Zwetschke. Ihren österreichischen Namen hat die Pflaume nach Ansicht der Etymologen über Zwischenformen wie „Zwetschen" und „Twetschen" vermutlich von einem vulgärlateinischen „davascena" und spätlateinischen „damascena" – Pflaumen aus Damaskus –, bekommen. Ursprünglich stammt der Kulturbaum (prunus domesticus) nämlich aus dem Vorderen Orient. Die Zwetschke (tschechisch: šveska) ist botanisch mit der Schlehe (indoeuropäisch: „die Blaue") verwandt, weshalb die Damaszenerpflaume in vielen slawischen Sprachen „schliwa" oder ähnlich heißt. Aus der slowenischen „šlivka", kroatischen und serbischen „šljiva", der polnischen „sliwka", der slowakischen, russischen und bulgarischen „sliva" brennt man den auch bei uns bekannten Zwetschkenbrand Sliwowitz. Auch in Wien ein Lockermacher von Format.

Ebenfalls lila und weit gereist ist der ätherische Lavendel, die charakteristische Pflanze der Hoch-Provence und ein wichtiges Hausmittel gegen Mottenfraß. Seinen Verkauf betrieben die Lavendelweiber. Sie gehörten im vorvergangenen Jahrhundert zum Straßenbild Wiens. Leise noch hören manche den Widerhall der letzten Vertreterin einer ausgestorbenen Kunst: „Kaafts an Lafendl, zehn Schüling a Bischl Lafendl! An Lafendl kaafts!" Die elegante, weil französische Variante des Kaufrufs, „lavande", verballhornt „lawand", ist höchstwahrscheinlich der Ursprung der Wiener Qualitäts-Bezeichnung „leiwand".

Das aus den 1980er-Jahren bekannte Lavendelweib im Jonasreindl (der Wiener Straßenbahnpassage Schottentor) dürfte die letzte Textzeile ihres Marketingspruchs schon abgewandelt haben und „an Lafendl hob i då, wea nimmd mar an å" gesungen haben. Die Lavendelweiber traten oft zu zweit auf und erhoben ihre orientalisch-südländischen Stimmen wechselweise. Es waren meist Roma-Frauen, die auch erfolgreich wahrsagten. Von diesem Nebengeschäft kommt der Ausdruck „Lavendelschmäh" und die wienerische Bitte, dünner aufzutragen, also „kan Lavendel z'redn".

Heute sind nur die Lavendelweiber ausgestorben, der Lavendelschmäh blüht in Feng-Shui-Shops, Duftkerzenläden und Kräutersalons. Auch in provençalischen Zimmerparfumgeschäften und bei Dritte-Welt-Greißlern können wir den ätherischherben Duft von Lavendel kaufen und damit die Duftwelt des alten Wien in unsere Wäschekästen katapultieren.

WIEN IST WEISS

Ludwig „Wickerl" Weinberger, weltbekannt unter seinem Künstlernamen Waluliso, verstand sich als Erleuchteter. Der Schildermaler verdingte sich in der Rente als Friedensapostel und spazierte tagaus, tagein durch die Touristengruppen der Wiener Fußgängerzone vor dem Stephansplatz, in den ausgestreckten Händen eine Friedensfahne mit dem Spruch Waluliso (für Wasser-Luft-Licht-Sonne) sowie einen Apfel haltend. Sandalen und eine blütenweiße Tunika waren dem Olivenzweig-Bekränzten sommers wie winters die einzige Bekleidung. Waluliso verließ Wien aber auch gerne und wurde so international bekannt. Er fuhr zu Gipfeltreffen nach Genf und Reykjavík, kletterte nach dem Fall der Berliner Mauer auf das eingerissene Bollwerk oder schüttelte die Hände von Edward Schewardnadse und PLO-Führer Jassir Arafat. Die schüttelten die Köpfe.

Weiß wie Walulisos Tunika sind auch die springenden Pferde aus der Stallburg. Die weltberühmten Wiener Showrösser kommen dunkel zur Welt. Die meisten, längst nicht alle von ihnen, nehmen erst im Erwachsenenalter von vier bis zehn Jahren die Farbe frisch gefallener Hagelschloßen an. Ihren täglichen Hafer verdienen sie sich in der Spanischen Hofreitschule. Die 1572 gegründete Pferdelehranstalt ist die älteste Institution der Welt, in der die hohe Schule der klassischen Reitkunst betrieben wird.

1580 von Erzherzog Karl im rauen Karstgebiet des Herzogtums Krain als Gestüt Lipica („kleine Linde") gegründet, heißt die Stadt in der Nähe von Triest auf italienisch Lipizza. Und daher kommt der Name der weißen Staatspferde, bis heute die Allerheiligsten unter den Tieren Österreichs. Karls Kalkül war pfennigfuchserischer Natur. Pferdeimporte für den kaiserlichen Stall galten als unsicher, verlustreich und teuer. Also beschloss man, eine eigene Zucht zu gründen. Es wurden neun Hengste und vierundzwanzig Mutterstuten aus Spanien importiert und die Rasse zunächst „Pferd der Karster Rasse, Lipizzaner Zucht" genannt. Grundlage der Zucht waren die Karstpferde, die spanischen sowie die Pferde aus der Poebene. Erst im 18. Jahrhundert kamen die Neapolitaner dazu. Und Deckhengste altspanischer-italienischer Abstammung, aus dem dänischen Gestüt Frederiksborg, aus der deutschen Zuchtstätte Lippe-Bückeburg und aus dem Böhmischen Hofgestüt Kladruby.

Sechs- bis siebentausend Lipizzanern gibt es weltweit. Die Hengste der Spanischen Hofreitschule kommen aber alle aus dem Gestüt Piber in der Steiermark, wo man sie nach dem Ende der Monarchie interniert und austrifiziert hatte.

Die Wiener Lipizzaner stammen von genau sechs Hengsten ab. Ihre Namen dürfen durchaus als Familiennamen verstanden werden, denn männliche Lipizzanerfohlen erben den Vatersnamen. Die sechs Ur-Lipizzaner waren alle Ausländer. Pluto, 1765 geboren, war ein spanischer Schimmel aus Dänemark, Conversano, zwei Jahre jünger, ein neapolitanischer Rappe. Braun und von derselben Herkunft war Neapolitano, 1790 geboren. Maestoso, 1773 geboren, war ein neapolitanisch-spanischer Schimmel aus dem böhmischen Hofgestüt Kladruby. Ebenso der Falbe Favory, 1819 geboren. Der jüngste Stammvater ist der syrische Araberschimmel Siglavy, 1810 geboren.

WIEN IST SCHWARZ

„Die Donau", sagte Josef Dusel, Großvater der Autorin, „entspringt im Schwarzwald, fließt durch das schwarze Österreich und mündet im Schwarzen Meer." Die Schwarzen. So wurden die Christlichsozialen der Ersten Republik von ihren politischen Kontrahenten wegen ihrer Nähe zur katholischen Kirche genannt. Wegen ihrer Nähe zum Vergangenen dürfen wir die Christlichsozialen, die Volkspartei, die Övaupeh, wie die Interessensgemeinschaft der Konservativen heute heißt, durchaus mit dem Schwarz des spanischen Hofzeremoniells in Verbindung bringen.

Die Farbe der mondlosen Nacht haben die Habsburger mit der dortigen Hausordnung aus Burgund nach Spanien gebracht. Von dort hat sie Ferdinand I. 1522 mit dem nunmehr spanischen Hofzeremoniell nach Wien geholt.

In seltener Gleichzeitigkeit waren das burgundische und das christlich-soziale Schwarz beim Begräbnis der letzten gekrönten Kaiserin Österreichs anwesend. Zita Maria delle Grazie di Bourbon-Parma, wie sie mit Mädchennamen hieß, wurde am 1. April 1989, exakt im zweihundertsten Jahr nach der Französischen Revolution, in einem pechschwarzen, von acht Rappen gezogenen Leichenwagen vom Stephansdom zur Kapuzinergruft geführt.

Im Einklang mit dem spanischen Hofzeremoniell war der Prunkleichenwagen imperial bespannt. Laut Hofzeremoniell, das sein protokollarisches Wirken gute siebzig Jahre davor ausgehaucht hatte, durfte auch hier nur der schwarze Leichenwagen der gekrönten Mitglieder des Kaiserhauses verwendet werden. Den Särgen von Erzherzögen und Erzherzoginnen war die Fahrt zur Kapuzinergruft in einem roten Wagen vorbehalten gewesen. Der Leichenwagen des Wiener Hofes wurde daher für die Begräbnisse von Erzherzögen und Erzherzoginnen rot, für die Begräbnisse des Kaisers oder der Kaiserin hingegen schwarz lackiert und bespannt. In einem Farbton, den an Schwärze kein Bösendorfer erreicht.

Die ständigen Lackierarbeiten belasteten Hofkassa und den Erhaltungszustand gleichermaßen, also entschloss man sich 1875, für die Begräbnisse gekrönter Familienmitglieder einen neuen, schwarzen Prunkleichenwagen in Auftrag zu geben und den rot lackierten Wagen rot zu belassen. Der Bau des neuen schwarzen Leichenwagens dauerte 16 Monate. Dieser achtspännige Wagen kutschierte Kaiserin Elisabeth (1898), Kaiser Franz Joseph (1916) und zuletzt Zita vor das Portal der Kapuziner. Genau genommen wurde auch Kronprinz Rudolf 1889, nach seinem mysteriösen Tod in Mayerling, im pechschwarzen Prunkleichenwagen vor die Gruft gefahren. Weil aber der schwarze Leichenwagen nur gekrönten Häuptern vorbehalten war, ließ Kaiser Franz Joseph für seinen Sohn einen besonderen Erlass ergehen. Um noch Reste spanischer Hofordnung beizubehalten, waren Rudolfs schwarzer Begräbniskarosse statt der Rappen Schimmel vorgespannt.

Als einen eleganten Widerschein dieser Zusammenhänge dürfen wir das Schwarz der Wiener Taxis sehen. Mittlerweile völlig verschwunden, war es noch in den 1960er-Jahren fast unmöglich, eine Taxifahrt durch Wien nicht in einem hart gefederten und vom Zigarettenrauch imprägnierten schwarzen Mercedes Diesel anzutreten.

Rußgeschwärzt war – bis in die späten 1979er-Jahre – ein Großteil der Wiener Bauten. Dunkles Anthrazit lag wie eine pelzige Decke über der Stadt. Der Hausbrand hatte über Jahrhunderte den Stephansdom schwarz eingefärbt. Aber auch jüngere Bauten wie die Hofmuseen, die Universität, die Votivkirche und in besonderem Maße das Wiener Rathaus präsentierten sich, anders als heute, nicht im fahlen Weiß und hellem Ocker des Sandsteins aus dem sie erbaut wurden, sondern in trübem Schwarzgrau hunderter Winter.

DIE U-BAHN-FARBEN

Ein beliebter urbaner Mythos schreibt die Kolorierung der Wiener U-Bahnen den Clubfarben der Fußballvereine Rapid (grün wie die U4) und Austria (violett wie die U2) sowie der Wiener SPÖ (rot wie die U1) zu.

Diese Theorie versagt allerdings bei der Farbgebungs-Erklärung die U6 (braun) und die U3 (orange) betreffend.

Die tatsächlichen Hintergründe des Farbkonzepts dürften profaner sein. Man hat, so U-Bahn-Forscher Horst Prillinger, dem Beispiel anderer Städte folgend, primär kontrastreiche Komplementärfarben ausgewählt. Über die bewussten und unbewussten Motive des zuständigen Beamten Dipl. Ing. Gilnreiner sind keine Details bekannt. Wenig Farbverwandtschaft finden wir in der pastellfarbenen Linienpalette der Pariser Métro. Es liegt nahe, dass das Wiener System dem der New Yorker Subway, der London Underground, und dem der Moskauer Metro folgt. Die größte U-Bahn-Farb-Verwandtschaft gibt es aber mit dem guten alten Berlin.

Das Leitsystem der neuen U-Bahn-Linie U5 – im Endausbau im Jahre 2023 soll sie vom Elterleinplatz über das AKH zum Karlsplatz führen – wird die Farbe Türkis erhalten. 143.000 Fahrgäste stimmten im Internet ab. Die orientalische Farbe konnte sich dabei mit 65 Prozent der Stimmen gegen Extrawurst-Rosa durchsetzen.

DIE FARBE
VON ZILKS KRAWATTEN

„Krawattenfarben" war traditionell jener Handschuh, mit dem der ehemalige Wiener Bürgermeister Helmut Zilk den Stummel seiner beim Briefbombenattentat vom 5. Dezember 1993 zerfetzten linken Hand bedeckte. Zur uniformen Bekleidung von Hand und Hals verwendete Zilk jeweils zwei Krawatten desselben Designs. Eine davon wurde zum Handschuh für seine verstümmelte Hand umgeschneidert, die zweite trug der Altbürgermeister geknotet überm Hemd. Die Obsorge für diese Gewandung trug der burgenländische Prominentenschneider Peppino Teuschler, der dem Vernehmen nach auch die Idee für das Handtextil hatte.

WIENER VERRICH-TUNGEN

EINKAUFEN

In bescheidener Tristesse, nicht selten aber in ausgesuchter Unfreundlichkeit begegnen einander Wiener im Geschäft. Im Gegensatz zu anderen Ländern ist hier nicht der Kunde König, sondern der Kunde beim König. Das Einkaufen in geschlossenen Lokalen ist in Wien ein Ritual der Unterwerfung. Verwandt mit diesem Phänomen ist der Aufenthalt in Bussen, Straßenbahnen und Zügen der österreichischen Bundesbahnen.

Wiener, die in Italien urlauben, oder in Skandinavien oder sagen wir mal in so weit entfernten Ländern wie den USA, erleben Unerhörtes. Sie berichten vom ganz anderen Einkaufen. Alle Wiener, die irgendwo anders einkaufen, berichten dieses – ostösterreichische Bundesländer einmal ausgenommen. Überall sei es anders als hier. Normal nämlich.

An den Supermarktkassen in anderen Ländern wird zwar zügig, aber ohne hiesige Hast gearbeitet. Supermarktkassiererinnen, wo auch immer sie das außerhalb Wiens tun, arbeiten mit der Nonchalance des Praktikablen. Sie ziehen die Produkte gemächlich über die Laserritze, lächeln hier, lachen da und legen jede Menge reißfester Sackerln bereit. Im garstigen Amerika schlichten dienstbare Einräumgeister den Einkauf auch noch ungefragt in stabile braune Säcke. Within the blink of an eye auch zweilagig.

Dann zahlt man, mit der Penunze oder dem Plastikkärtchen. Sie sehen auch nicht anders aus als bei uns, die Supermärkte rund um den

Globus. Wie denn auch, Supermarktismus ist eine kapitalistische Kunst, die der Maximierung zweier Parameter dient: der Umsatzsteigerung und Gewinnmaximierung der Supermarktbetreiber und der Wiederkehrlust der Supermarktkunden. Überall ist das so. In Burma und in Belgien, in Indien und in Israel, in Lettland, Litauen, Laos und im Libanon und natürlich auch in Argentinien und Australien. Überall. Nur nicht in Wien.

In Wien ist das anders. In Wien hat irgendjemand das Konzept falsch verstanden oder eine fehlerhafte Übersetzung der Supermarktbedienungsanleitung in Umlauf gebracht.

In langen Schlangen kontemplieren die Wiener Supermarktkunden, um sich auf einen magischen, auf unerhörte Kürze komprimierten Vorgang einzustimmen. Die Fließbandarbeit.

Sie besteht darin, den Einkauf aus dem Wagen zu heben, auf das Supermarktkassenband zu werfen und dann das „Näkubischi", das „Nächster-Kunde-bitte-Schild" aufzulegen. Das geschieht noch fast in der Ruhe, die auch anderswo diesen Vorgängen eigen ist. Während die Kunde vor uns zahlt und verstohlenen Blickes und in selbstzerstörerischer Hast ihre Produktmelange einsackerlt, geschieht das Wienerische, das Einzigartige. Wie von der Tarantel gestochen verwandelt sich die fadäugige, gerade noch in buddhistischer Trance festgefrorene Kassiererin in eine vielarmig fuchtelnde Furie.

Mit der Geschwindigkeit, die im Stadtverkehr zu Führerscheinentzug führte, schnellt sie unseren sorgsam vor dem „Näkubischi" gestapelten Einkauf über die zerkratzte, von Etikettenresten, Joghurtschorf und Weißbrotbröseln verlurchte Laserleuchte und wirft ihn auf die kleine Ablage hinter dem Band. Von dort, so will es das Gesetz des fließenden Bandes, schmettern wir ihn in den Gitterwagen. Wir, die Wienerin und, selten genug, der Wiener.

Das ist nicht leicht, denn die Kassiererin ist stets schneller. Eine Zehntelsekunde nach dem Vorbeiziehen der letzten angehäuften Ware, einen Kolibriwimpernschlag nach dem letzten Frischkäsebecher, dem letzten Nudelpaket, dem letzten Schokoriegel versinkt sie wieder in das buddhistische Koma. „Sesunsizigzanzig" heißt es dann, 76,20, oder „Deitsenvizig", 13,40. Wir sagen mit dem Triumphgeheul der Moderne „Bankomat". Ernten böse Blicke aus der Warteschlange. Warten auf das Fiepen des Eintippterminals. Stecken unsere Magnetplastikkarte hinein und tippen der Öffentlichkeit die intimste Ziffer unseres Daseins vor. In der Sekunde, in der die bargeldlose Kasse mit einem metallischen Schnappen unsere Karte entlässt, begibt sich die sitzende Buddhafigur an der Kasse wieder in den Wachmodus und beginnt, den Einkauf unserer Hinterfrau auf das soeben Gekaufte zu schieben.

Wehe, wir haben kein Sackerl gekauft. Das rotgelbe Billasackerl, das grünweißrote Sparsackerl oder das wasweißichwiefarbene Merkursackerl.

Eines Tages hat die Aggression solcher Situation die Autorin in den antikapitalistischen Revolutionsfuror katapultiert. Sie war mit den Gedanken woanders gewesen und mit dem Einsackerln nicht nachgekommen. Der Einkauf war zu einer hässlichen Pyramide angewachsen. Sie müsse das nicht so schnell tun, beschied die Autorin der Supermarktkassiererin. Was, so schnell, fragte die. Na, das Rüberziehen. Doch, müsse sie, meinte die Kassiererin. Anweisung. Von oben. Aber sie müsse das nicht, entgegnete die Autorin, bei ihr gäb' es kein oben.

Wertvolle Kassenbandzeit war verstrichen, Wut schäumte hinter der Autorin auf, ein blondiertes Wesen mit angeschweißten Fingernägeln schob ihre Frühstücks-Cerealien gegen der Autorin Milchpackerln und herrschte diese an: „Tua weiter, Schastrommel, dei Zeid is mei Göd".

Verwandt mit den Unbilden des Supermarktes, aber wesentlich älter als diese ist eine andere Eigenart der wienerischen Einkaufsbegegnung. In Wien ist es üblich, sich beim Eintritt in ein Geschäft, und ja selbst beim Aussprechen eines Wunsches in einem Laden oder einer Gaststätte zu entschuldigen. Wofür entschuldigen wir uns? Was ist das für eine seltsame Sitte?

Wie viele wienerischen Üblichkeiten ist das Entschuldigen im Geschäft so alt wie unausrottbar. Es stammt aus den gar nicht so guten alten Zeiten der Monarchie, wo einander in Geschäften weitgehend

Dienende verschiedenen Ranges begegneten. Bürgertum und Aristokratie gingen damals nicht selbst einkaufen, sondern ließen das von geknechteten und entrechteten Menschen, dem sogenannten „Personal" durchführen. Das Personal traf in einem Geschäft auf die standesmäßig höher stehenden Verkäufer oder gar den Inhaber, der meist auch dem Bürgertum angehörte.

Eine Entschuldigung für die „Störung", die das Betreten des Ladens für den Kaufmann bedeutete, sowie das höfliche Vortragen der Einkaufsliste gehörte zum üblichen Ton in einem Geschäft. Anders hielten die Geschäfte den Umgang mit der Kunde, der bürgerlichen Bekanntschaft eines Geschäfts. Die begegnete den Verkäufern ohne Entschuldigung. In einer mittelalterlichen, barocken, neoabsolutistischen Stadt konnte die Kunde nur ein anderer Händler sein. Oder jemand aus seiner Familie.

Aristokraten gingen in den seltensten Fällen einkaufen. Wozu denn. Als Abenteuer war es zu ungefährlich, als Zerstreuung zu langweilig. Das Genre des Nichteinkaufenden wird auch seit der offiziellen Abschaffung des Adels gepflegt. Minister, Parlamentarier, Sektionschefs und Hofräte, Industrielle und Gewerkschaftsbonzen, Kleriker und hochrangige Militärs kennen den Einkauf nur in abstrakter Form. In ein Geschäft gehen andere für sie. Die Unterhosen besorgen weibliche Verwandte, Priesterseminaristen oder Unteroffiziere. Die wenigen Frauen, die in diese Männerdomänen aufgestiegen sind, kaufen sich die Unterwäsche selbst.

Auf Augenhöhe einzukaufen war Nichtbürgerlichen und Nichtaristokraten nur auf dem Markt möglich. Hier entschuldigte sich niemand für Störungen. Hier wird auch heute noch saftig mit einander geschrien. Hier wird weder gebeten noch gebuckelt. Hier ist die Verkaufswelt aufgeklärt, psychosozial entwienert und auf angenehmste Art provinziell. Heast!

AUSBAANLN

Mit dem vokalreichen Ausdruck „ausbaanln", hochdeutsch „ausbeinen" bezeichnen die Wiener die Entnahme weiterverwertbarer Bestandteile aus nicht mehr funktionierenden technischen Geräten. Das häufigste Objekt wienerischen „Ausbaanlns" dürfte das Auto sein. Türen, Motore, Sitze, Chromteile und Scheinwerfer können erfolgreich „ausbaanlt" werden. Professionisten auf diesem Gebiet nennt man „Ausbaanla". Der Begriff selbst kommt aus der bäuerlichen Schlachtsprache und bezeichnet das Entfernen von Knochen aus dem Fleisch. Öffentlich „ausbaanlt" wird heute noch die Stelze im Biergarten Schweizerhaus.

EINMARGARIEREN

Wenn Wiener zum Ausdruck bringen möchten, eine Sache oder eine Person befinde sich außerhalb des Fokus des jeweiligen persönlichen Interesses, bringen sie das Verbum „eimagrían" zum Einsatz. Sätze können dann lauten: „Loss di eimagrían" (Lass dich einmargerieren) oder: „De gfeudn Wuaschdraadl kennan sa se eimagrían" (Die fauligen Wurstscheiben können sie sich einmargerieren). „Kannste knicken" würde der Deutsche sagen, vergessend, dass Wiener akut Einzumargerierendes oft gar nicht knicken können, leitet sich der Ausdruck doch vom Einlegen – vom luftdicht in Gläser oder Tiegel abfüllen – ab. Seine Herkunft aus dem Französischen kann das „Eimagrían" nicht ganz verleugnen. Es kommt von „mariner", „marinieren" (in Salzwasser einlegen). Das „g" hat sich das Wienerische zusammenhanglos aus der Margarine ausgeborgt. Das Wort für die streichfähige Kunstbutter ist seinerseits eine Erfindung. Deren Name beruht auf einer Entdeckung des Pariser Chemieprofessors Michel Eugène Chevreul, der 1819 bei Forschungen über Fettsäuren weißglänzende Kristalle in seinem Reagenzglas gefunden hatte und nach dem griechischen Wort „margaron" (Perle) benannte.

BUDERN UND UMPUDERN

Ältere Semester unter den Journalistinnen und Journalisten der Stadt kennen die Befindlichkeit, eine Geschichte müsse noch „umgepudert" werden. Dabei wird in Abrede gestellt, der Vorgang und seine Bezeichnung hätten auch nur irgendetwas mit dem derben wienerischen Begriff für den Koitus zu tun, da man diesen ja mit „B" schreibe. Dem ist nicht so. „Budern" und „Umpudern" sind direkte Verwandte, fallen doch im Wienerischen alle anlautenden „p" und „b" in einem Zwischenlaut, einem sogenannten Halbfortis zusammen.

Die Sache mit dem „Pudern" ist komplex. Gerne wird das aus dem Französischen entlehnte Zeitwort für das Aufbringen von Puder (poudre, aus lateinisch pulvis, Pulver) in Zusammenhang mit der wienerischen Bezeichnung für den Koitus gebracht. Ist doch auch ein ähnliches Wort in Zirkulation, nämlich „tupfen" (richtiger: „dubfm"). Das „Pudern" („Budan") kommt indes vom Buttern, dem stoßenden Schlagen von Rahm zu Butter, das früher ebenfalls „budan" ausgesprochen wurde. Mit dem Verschwinden des Butterfasses (und seines Stössels) aus Küche und Haushalt verlor sich auch das bildliche Verständnis für die Metapher. Das „Umpudern" („Umbudan") als Begrifflichkeit für den Vorgang der lustreichen Transformation nimmt also tatsächlich Bezug auf das „Pudern" („Budan"), die Mechanik der geschlechtlichen Vereinigung.

Wem das „Umpudern" zu derb erschiene, könnte zum „Umschustern" („Umschuasdan") wechseln. Es ginge aber durchaus auch direkter. Alternativen zu „Umpudern" wären das „Umschnackseln", das „Umpempern" („Umbempan"), das „Umtitschkerln" („Umditschkaln"), und das – nur Hocheingeweihten zugängliche – „Umschuarln", „Umbomeisln" („Umbomasln") und „Umbankaniarn".

DAS GEHEIMNIS DES TSCHURIBAUMS

Jeden Frühsommer weht durch die Straßen Wiens schwerer Duft. Das Besondere dieses Buketts: Es erinnert fatal an den Geruch des Ejakulats von Homo sapiens. Die strenge Olfaktion ist indes auch aus anderen Großstädten bekannt. Bachmann-Preisträgerin Kathrin Passig beschrieb den irritierenden Geruch 2002 in ihrer Berliner taz-Internet-Kolumne. Als Urheber des Geruchserlebnisses machte sie irrigerweise Fraxinus ornus, die Manna-Esche aus. In einer anderen großen Stadt war man schon Jahre davor vom öffentlich wahrgenommenen Geruch männlichen Ejakulats stark irritiert und begab sich auf die Suche nach den botanischen Stinkern. Die Enträtselung des urbanen Mythos von den „Sperm Trees of Los Angeles" wuchs mit der Schwierigkeit, die leichtflüchtigen und jahreszeitlich exklusiven Düfte bestimmten Baumarten zuzuordnen. Ernst genommene Kandidaten waren bis zur eindeutigen botanischen Bestimmung des wahren Übeltäters Ceratonia siliqua, der Karob- oder Johannisbrotbaum, Ligustrum ovalifolium, der ovalblättrige Liguster und Castanea sativa, die Edelkastanie.

Für die Wiener Geruchserlebnisse wurden bisher die Spermin produzierenden Blüten der Esskastanie und der Berberitze verantwortlich gemacht. Auch an frischgemähtes Gras und frühmorgendliche Balkon-Handerleichterung alleinstehender Männer als olfaktorische Urheber wurde ernsthaft gedacht. Der aussichtsreichste Spermageruchs-Kandidat in den geschilderten Großstädten ist aber mit großer Wahrscheinlichkeit Ailanthus altissima, der Götterbaum. Der fiederblättrige Exot gilt als schnellstwüchsiger Baum in Europa und steht mittlerweile in fast jedem Wiener Hinterhof. Seine ursprüngliche Heimat ist China und das nördliche Vietnam. Der Götterbaum kam 1740 mit dem Jesuiten und Amateur-Botaniker Pierre Nicolas d'Incarville nach Paris. Seine Wiener Karriere verdankt der Götterbaum, wegen des Geschmacks seiner Blätter auch Bitteresche genannt, dem Versuch, ihn als Nahrungspflanze der Alianthus-Motte anzupflanzen. Seide aus dem

Kokon des Alianthus-Spinners gilt als haltbarer und preisgünstiger als übliche Seide. Die invasiv wildwachsenden Wiener Götterbäume dürfen als Nachfahren von 1856 eingeführten Bäumen gelten. Für den, in Wien als „Tschuri-Fäula" bekannten Geruch sind ausschließlich die männlichen Blüten verantwortlich. Bienen hingegen lieben den Götterbaum vorbehaltlos. Götterbaum-Honig ist trotz seines Geruchs äußerst wohlschmeckend.

WIEN UND DAS FRÜHAUFSTEHEN

Der Wiener Morgen ist ein Phänomen von ungeheurer Absurdität. Der Wiener Morgen beginnt nämlich gleich nach vier Uhr nachts. Lange bevor die Morgen anderer Städte beginnen, und lange bevor der tatsächliche Morgen graut. Der Sonnenaufgangsmorgen, der wirkliche Tagesbeginn. Denn Wien zählt zu den frühaufstehenden Städten. Es darf behauptet werden: Wien ist die einzige frühaufstehende Stadt. Wien steht auf, wenn sich andere Metropolen gerade niederlegen.

Das frühe Aufstehen hat Gründe. Einen meine ich im alpinen Stall auszumachen, wo die österreichische Kuh auf das frühe Gemolkenwerden wartet. Ein guter Bauer, der die Milcheuter seiner Doris, seiner Bella, Fiona und Rosa nicht zu lange warten lässt. Da können draußen noch die Sterne funkeln. Nächtlicher Arbeitsbeginn ist eine überaus österreichische Tugend. Mit dem Zuzug weiter Teile der österreichischen Landbevölkerung in die Reichshaupt- und Residenzstadt ist auch das ländliche Frühaufstehen nach Wien gekommen

Als Primus aller Wiener Frühaufsteher können wir Kaiser Franz Joseph identifizieren. Der Habsburger war seit seinem 13. Geburtstag, wo er zum Oberst eines Dragonerregiments ernannt wurde, Vollzeitmilitär. Und wie viele Soldaten in hohen Chargen war der erste Diener seines Staates krankhafter Morgenmaniker. Bis zu seinem Tod ließ sich der daueruniformierte Kaiser um 3 Uhr 30 wecken. Klar, dass sich unter seinen Untertanen vor allem jene in Führungspositionen wiederfanden, die ebenso leicht wie er das Bett verlassen konnten. Der Selektions-Mechanismus des österreichischen Frühaufstehens hat über eineinhalb Jahrhunderte das Vormorgengrauen als Tugend etabliert und den Unfug des nachtschlafenden Herumirrens mit bleierner Schwere über die Stadt gelegt. Denn Schlafen kann man auch in der Schnellbahn, im Stau und ganz gut im Büro.

WIENKRANKHEIT
TACHYNOSE

Im Zuge der Verschärfung der sozialen Rahmenbedingungen wird von Vertretern der Regierungsparteien ökonomisch Benachteiligten gegenüber gerne der Wiener Ausdruck „Tachinierer" gebraucht, dieser Begriff kam vermutlich schon während des ersten Weltkriegs auf. Sein Ursprung gilt als dunkel, dennoch zirkulieren glaubwürdige Erklärungen. Eine will „Tachinierer" vom tschechischen „táhnouti se", sich ziehen, sich fortpacken, sich „schleichen" ableiten. Nach anderer Deutung kommt das Wort vom altgriechischen „tachys", schnell.

Mit „Tachykardie" bezeichnet die Medizin eine krankhaft gesteigerte Herztätigkeit. Dieses Leiden pflegte die Militärärzte zu veranlassen, die daran Erkrankten als „untauglich für den Frontdienst" zu erklären. Rekruten, die sich dem Heldentod für Kaiser und Vaterland entziehen wollten, mussten vor der Stellung nur Unmengen von schwarzem Kaffee trinken um sich gefährlich wirkendes Herzrasen anzuputschen. Bald hatte sich dieser Trick auch beim militärischen Medizinpersonal herumgesprochen: Die Diagnose „Tachynose" wurde zum Synonym für simulierte Krankheit und verballhornte bald zu den Ausdrücken „Tachinierer" und „tachinieren".

Dass ein Tachinierer nichts Schlimmeres vorhatte, als sein blankes Leben zu retten, wird denen stets unbegreiflich bleiben, die sich gegenüber geringeren Gefahren mit dem Vitamin B behelfen.

WIE MAN DIE WADLN VIERERICHTET

Das Wienerische ist reich an insultfähigen Formeln, sein Arsenal ist vielfältig und gut gepflegt. Beliebt ist die Ansage, jemand „die Wadln vierezurichten". Das Drohpotential der Wendung scheint eindeutig zu sein. Das Nachvornerichten der Waden, wie man das „Wadlviererichten" verhochsprachlichen könnte, malt ein klares Bild. Wir sehen Rekruten in einer Reihe stehen, Gefangene, Schikursteilnehmer. „Vieregerichtet" wird ein falsch stehendes Bein, richtige Haltung, uniformes Stehen wird hergestellt. Erst bei genauerer Betrachtung der anatomischen Möglichkeiten lässt sich die Sprachkraft des Ausdrucks erkennen. Nach vorne gerichtet werden kann im menschlichen Gehapparat nur das Knie. Eine Überstreckung desselben, oder gar das Vorbringen der Wade, also des Unterschenkels, ist bewegungstechnisch gar nicht möglich. Das Bild des „vieregerichteten" Wadl, sprichwörtlich mit der Disziplinierung des Adressierten verbunden, verweist auf eine längst verschwundene Kriminaltechnik: Das Erpressen von Geständnissen und Aussagen im Rahmen der peinlichen – der Pein erzeugenden – Befragung.

Das „Wadlviererichten" war bis zum Ende des 18. Jahrhunderts Bestandteil der Constitutio Criminalis Carolina, eines von Karl V. 1532 eingeführten Strafrechtskodex'. Das Instrument, mit dem „Wadln vieregerichtet" wurden, kennt die Folterforschung als „Spanischer Stiefel", „Schraubstiefel" und „Beinschraube". Technisch dürfen wir uns darunter einen Schraubstock vorstellen, mit dem Schien- und Wadenbein gebrochen wurden. Die Androhung selbst, bei der dem Angeklagten Technik und Instrumentarium erlautert wurden, galt offiziell als Vorstufe der peinlichen Befragung. Die Kriminalgeschichte kennt sie als Territion oder Schreckung.

WIENER TÄUSCHUN-GEN

AUSWEIS, BITTE!

Eine der zahlreichen unbeendeten Debatten Wiens berührt die Frage, ob Schwarzfahren – das Benutzen der öffentlichen Verkehrsmittel ohne gültigen Fahrschein – okay sei oder moralisch verwerflich. Aufgekommen ist der Diskurs nach der schleichenden Dezimierung des Standes der Schaffner und der Einführung von „schaffnerlosen Beiwägen". Vor dieser Zeit wurde jeder Tramwayfahrgast, jeder Stadtbahnpassagier und jeder Busbenützer von einem Fahrkartenverkäufer betreut. Unbezahltes Mitfahren war technisch gesehen ein Ding weitgehender Unmöglichkeit.

Soll man Schwarzfahren, weil es möglich ist – Drehkreuze gibt es in Wien nicht – oder soll man kommunalsolidarisch sein und einen Fahrschein lösen, eine Monatskarte oder ein Jahresabonnement? Wir wollen Argumente und Strategien für jede dieser Position liefern, gleichzeitig aber das moralische Dilemma minimieren.

In einem idealen Wien führen wir alle gratis mit den Öffis. Wir ließen unsere Autos und Fahrräder stehen und sicherten mit unseren Fahrten die Auslastung von Bim, Bus und U-Bahn. Durch kontinuierliche Abnutzung, Verschmutzung von Fuhrpark und Anlagen sorgten wir für Vollbeschäftigung und Wachstum und stärkten den Financier, die öffentliche Hand, gegenüber der Wirtschaft. Bis zum Eintritt in dieses Paradies sind wir aber an das herrschende Paradigma der Wiener Linien gebunden. Dieses sieht den Antritt der Fahrt mit einem gültigen Fahrausweis vor. Nun ließe sich vorbringen, die Öffis führen auch ohne gelöste Tickets mit derselben Regelmäßigkeit, Schwarzfahren löse also keine zusätzlichen Kosten aus. Die Beschickung der Linien mit „Schwarzkapplern" (Kontrolleuren) dürfe vielmehr als Beweis dafür gewertet werden, dass insgeheim mit Schwarzfahrenden gerechnet werde. Auch seien die zusätzlichen Einnahmen, die bei rund 180.000 erwischten Schwarzfahrern lukriert würden, ein willkommenes Zubrot für den kommunalen Transport. Das Dilemma bleibt ein moralisches.

Die Autorin sieht dennoch eine Lösung, die alle Teilnehmer am

Moralkonflikt zufrieden stellt. Hier die sieben Punkte zum Glück: 1. Fahren wir so oft wir können. 2. Kaufen wir immer mindestens einen Fahrschein. 3. Entwerten wir diesen immer. 4. Provozieren wir durch hastiges und unsicheres Auftreten den Verdacht auf Schwarzfahren. 5. Lassen wir uns oft, aber stets mit gespieltem Schuldgefühl kontrollieren. 6. Verschweigen wir den Besitz eines gültigen Fahrscheins. 7. Bezahlen wir die Strafe zügig und in bar, verbunden mit der sichtbar gelogenen Aussage, dies nie, nie wieder zu tun.

AUSSTEIGENLASSEN!

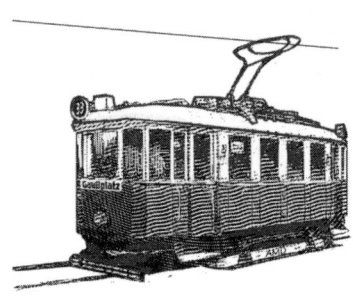

Wer in Wien mit Bim, Bus oder U-Bahn fährt, kennt die Frage. Wildfremde Menschen hauchen sie dir ins Genick: „Tschullingsi, stegen se os?" Die Unsitte des Stegen-se-os-Fragens kennen die Wienerinnen und Wiener seit ihrer Kindheit. Sie trat alternierend zur Schelte huttragender Damen auf, die Kindern, die es wagten, einen Sitzplatz zu benutzen, mit einem zornig gepressten „Schämst dich nicht?" einheizten. Das „Tschullingsi, stegen se os?" scheint so alt zu sein wie das Straßenbahnfahren selbst, und es entspringt der Angst, den Ausstieg aus der Beförderungseinrichtung nicht mehr zu „derglengen". Das kann fatal sein, denn wegen einer zu spät beim Aussteigetürl erschienenen Passagierin hat noch kein einziger Öffipilot in der Geschichte des Wiener Kommunalverkehrs seinen Tür-auf-Knopf noch einmal gedrückt. In hoher Flucht-Pein wird ein Wiener Tramwaybenutzer, ein Wiener Busbeförderter auch „Aussteigenlassen!" rufen. Mit einem kehligen Sopran, wohl wissend, dass er damit nicht mehr bewirkt, als aufgehende Impfnarben oder ein vorwurfsvolles „Na, na!"

Privatrevolutionäre begrüßen als Antwort auf die „Stegen-se-os-Frage" das kryptische „Man wird sehen". Auch ein gefährlich mit den Zähnen geknirschtes „Sie müssen mir Zeit geben" lohnt die Mühe. Skeptizistischer Experimentalismus – „Aussteigen wird überbewertet" – und Radikalaltruismus – „Nein, gewiss nicht" – liefern brauchbare Positionen in diesem Sprachspiel. Slawische Seelen greifen zum Halbinsult: „Jebem ti, Kollega, was mus?", bundesdeutsche zu Antworten wie „Ich bin neu hier, wie geht das?". Immer gut kommt die existentialistische Ansage „Ich steige grundsätzlich nicht aus".

WIENER PFLASTER

Kopfsteinpflaster ist ein naturnaher und formschöner Straßenbelag. Seine Konjunktur im öffentlichen Raum Wiens war aber stets ganz anderen Überlegungen unterworfen als der Frage nach seinen ästhetischen und sinnlichen Qualitäten. Oder nach der Begehbarkeit mit Stiletto-Heels. Wir dürfen davon ausgehen, dass bereits im Mittelalter Marktplätze und die wichtigsten Straßen Wiens gepflastert waren. Wohl um Morast bei Regen und Staubwolken bei Trockenheit zu verhindern. Auf der Freyung lässt sich historisches Pflaster in Augenschein nehmen. Dort wurde mittelalterlicher Straßenbelag – katzenkopfgroße Donaukiesel – ausgegraben und eine kleine Partie davon im modernen Gehsteig neu verlegt. In der Regel dürften die gepflasterten Wiener Verkehrswege mit unregelmäßigen Sandsteinplatten belegt gewesen sein, gebrochen in städtischen Steinbrüchen an der Hohen Warte und in Sievering. Diese Straßenoberfläche musste bis zu zwei mal im Jahr von den sogenannten „Überlegern" ausgebessert oder überhaupt neu verlegt werden. Noch im Barock, wo viele Vororte-Straßen ungepflastert waren, blies ständig ein ätzendes Gemisch aus Pferdedung und Straßenstaub durch die Stadt.

Das harte Pflaster Wiens brachte Staatsmann Wenzel Graf Kaunitz aus Paris mit. Und zu seiner Verlegung auch gleich zwei Pflasterer aus Paris und Brüssel. Der Belag, den wir heute als Wiener Kopfsteinpflaster kennen und der meist unter Asphalt versteckt ist, kam aus den Granitsteinbrüchen in und um Mauthausen. Das Format der Wiener Steine ist seit 1826 wesentlich größer als das anderer Städte. Der handfeste Grund: Die Habsburger wollten den revolutionswütigen Wienern keine allzu handlichen Wurfgeschosse unter die Füße legen.

DAS ARSCHKAPPELMUSTER

Das lautmalerische Wiener „Oaschkapplmusta" eignet sich gut als religionsfreier Fluch und deftiges Pejorativ Männern gegenüber. Zwei Herkünfte bieten sich als Erklärung für den Ausdruck an, beide dürften ihre unmittelbare Heimat in der frühen Wiener Zwischenkriegszeit haben. Einer Quelle zufolge soll es sich beim „Oaschkapplmusta" um das grobkarierte Wollstoffmuster der Ballonmützen jener Zeit handeln. Dieser Typus einer weichen Schirmmütze hatte europaweit einen Siegeszug als Kopfbedeckung des Industrieproletariats angetreten. Möglich, dass sich der Ausdruck schließlich gegen die Swing hörenden „Schlurfs" richtete, eine anglophile Subkultur Wiener Jugendlicher, die während der Nazizeit Swing hörten und sich „undeutsch" kleideten. Anderen Quellen zufolge soll das „Oaschkappl" ursprünglich als Schimpfwort für deutschnationale Studenten entstanden sein. Gilt doch die Mütze als identitätsstiftender Bestandteil studentischen Budenlebens. Die heute übliche Schirmmütze war ab 1790 beim Militär aufgetaucht und hatte sich durch die Napoleonischen Kriege in ganz Europa verbreitet. Im Laufe der Zeit bildeten sich die abenteuerlichsten Spielarten der Studentenmütze heraus: Die kleine Hinterkopfcouleur, das hohe oder flache Biedermeierformat, der militärisch anmutende „Stürmer" mit seiner steifen, kreisförmigen Vorderplatte, von seinen Trägern auch „Stechmütze" oder despektierlich „Töff-Lampe" und „Elefantenpariser" genannt, der schlichte „Jenenser", das ausladende Teller- oder das gefällige Schlappformat, in Stoff oder Samt. Viele Farbenstudenten tragen ihre Kopfbedeckung mit dem gestickten Zirkel verziert, einem kryptographischen Kürzel, eine monogrammartige Verschlingung von Buchstaben. Dieser Zirkel enthält in der Regel die Anfangsbuchstaben des Verbindungsnamens und des Wahlspruchs der Verbindung. Oft sind die Buchstaben v, c und f enthalten, was sich aus „Vivat circulus fratrum" (es lebe der Kreis der Brüder) beziehungsweise „vivat, crescat, floreat" (lebe, wachse und gedeihe) zusammensetzt. Noch in den 1960er-Jahren wurde das verschlungene Verbindungsmonogramm von der Couleurdame, der Freundin des Studenten, gestickt und vom politischen Gegner „Oaschkapplmuster" tituliert.

DAS SCHULSTAGELN

Wien rühmt sich universitärer Traditionen, die direkt ins Mittelalter führen. Die Universität Wien, 1365 gegründet, ist die älteste Universität im heutigen deutschen Sprachraum.

Der studentische Alltag der mittelalterlichen Studiosi folgte einem rigorosen Zeitplan. Nach Morgengebet und Frühmesse begann die erste Vorlesung in der Regel um sechs Uhr morgens. Nach Unterricht und gemeinsamen Mahl sollten die Studiosi in ihren Bursen lernen und debattieren. Untersagt, weil beliebt, waren der Besuch von „loca suspecta" (Wirtshäuser und Spelunken) sowie das Mitbringen von Frauen in die Zimmer. Trotz Verboten schweiften die Studenten nächtens durch die Stadt, wenn sie nicht überhaupt schon vormittags beim Wirten saßen.

Die Geschichte des Fortbleibens von der Lehranstalt hat in Wien Tradition. Espresso-Diskurs und Feuilleton-Lektüre sind fette Früchte vom dünnen Stamme dieser Prokrastination. Manches Café hatte und hat sein Vormittagsgeschäft ganz in den Dienst institutionellen Schwänzens gestellt. „Schulstageln" (schulschwänzen) war und ist individueller Gewinn. Freiheitsgewinn. Eine Konstituente unabhängigen Denkens. Ein Sturm im Wasserglas des Erkenntnisinteresses.

Der Begriff des „Schulstagelns", fälschlicherweise „Schuistangln" ausgesprochen, hat nichts mit der Stange zu tun. Das „Schdagln" bezeichnet, ähnlich dem „Flauchen" und „Schdessen", den kleinen Diebstahl und kommt vom italienischen „staccare" – loslösen, trennen, wegnehmen. Mit dem „Schdagln" wolle es aber nicht übertrieben werden, meint die Expertin, denn schad' wär', „schod waa", käme es zum Schulverweis, dem Weisel und ergo dem Status: „Schulschdaad".

MACHELOIKES

Eine Begrifflichkeit aus dem Alt-Wiener Sprachschatz sind die „Macheloikes". Die lautmalerische Silbenfolge zirkuliert in der Bedeutung Machenschaften, Betrügereien, unlautere Praktiken. Trotz seiner Ähnlichkeit mit den deutschen Vokabeln „machen", „Macht" und „Machenschaften" (das gaunersprachliche „machen", etwa „eine Bank machen" bedeutet ja das Begehen einer Tat) hat unser Begriff keinen germanischen, ja nicht einmal einen indoeuropäischen Ursprung.

Wie viele Ausdrücke im Wienerischen kommen die „Macheloikes" aus dem Jiddischen. Dort bezeichnet „machlójkeß", „machlokes", „machlaukes" familiensprachlich den Streit, die Streiterei, den Zank.

Wie aus den häuslichen „Zores" (jiddisch Sorgen, Leiden, Unglück) die „Chuzpe" (jiddisch Unverschämtheit, Frechheit) einer korrupten Handlung, gewissermaßen illegaler „Reibach" (von jiddisch „rewach", Weite, Vorteil, Gewinn) wurde, ist noch Gegenstand sprachwissenschaftlicher Untersuchungen.

Der Ausgang von „Macheloikes" ist auch für Gojim nicht selten die „Mechulle" (von jiddisch „mechule", verdorben), also der Bankrott. „Meschugge" (jiddisch verrückt) wäre, wer beim Begehen von „Macheloikes" das „Mischpet" (jiddisch „mischpot", Gericht) oder gar das „Mackelbajes" (jiddisch „makel", Stock, Prügel; „bajis", Haus), schlicht das Gefängnis nicht fürchte. Es sei denn, er hätte „Massel" (jiddisch Glück) und wäre nur mit der „Mischpoche" (jiddisch Familie), den „Mechutten" (jiddisch Verschwägerte) oder dem „Meschuttef" (Gesellschafter, Compagnon) in Konflikt und müsste lediglich um „Mechiele" (jiddisch „mechila", Verzeihung) bitten.

DAS MYSTERIUM DER FRANZÖSISCHEN BOTSCHAFT

Eine beliebte „urban legend" Wiens kreist um den Plot, die Pläne für die französische Botschaft am Schwarzenbergplatz und jener in Istanbul seien vertauscht worden. Ergebnis des Irrtums sei ein Botschaftsgebäude im franco-osmanischen Stil mitten in Wien, und umgekehrt ein französisch-wienerisches in der Bosporusmetropole.

Die Geschichte von den vertauschten Bauplänen ist so glaubwürdig wie gut erfunden. Das Botschafts-Palais der Französischen Republik, in bester Lage am Wiener Schwarzenbergplatz gelegen, wurde zwischen 1900 und 1909 nach Entwürfen des Pariser Architekten Georges Chedanne errichtet. Ein Beispiel für dessen schwülstig-operettenhafte Baukunst im Stil des Art Nouveau liegt im Stammhaus der traditionsreichen französischen Kaufhauskette Galeries Lafayette vor. Die ästhetische Anmutung der neu errichteten Botschaft wird als „Hommage an den Wiener Jugendstil" kolportiert. Zeitgenossen nahmen das Gebäude ganz gegen die Intentionen von Bauherrn und Architekt als Provokation und Tempel des schlechten Geschmacks wahr. Die Vertauschung der Pläne hat wenig Evidenzen – das Botschaftsgebäude Frankreichs in Istanbul (heute die Residenz des Generalkonsuls) stand zum inkriminierten Vertauschungszeitpunkt längst, es wurde von 1839 bis 1847 von Pierre Laurecisque im Istanbuler Stadtteil Pera errichtet.

Grundlage des Gerüchts scheint die Verbringung des Mobilars der alten Botschaft der Republik Frankreich in Österreich zu sein. Die Inneneinrichtung des Palais Lobkowitz – es war 1869 bis 1909 Sitz der französischen Botschaft – passte besser in das, im Louis-Philippe-Stil errichtete, Palais Pera in Istanbul, das neue Mobiliar für Wien war zu diesem Zeitpunkt allerdings noch nicht fertig. Weitere Nahrung für das Gerücht von der Bauplanvertauschung darf man in der Spedition der Einrichtung des Bauplanungs-Büros vermuten. Dies ist wenig verwunderlich, leitete doch Chedanne, Architekt der Botschaft in Wien, auch die Renovierung des Palais Pera in Istanbul. Wir fassen zusammen: Vertauscht wurde nichts. Die Wiener Möbel stehen in Istanbul. Stilkritisch darf angemerkt werden, dass Chedannes Gebäude am Schwarzenbergplatz weniger wie die Französische Botschaft in Konstantinopel aussieht, denn wie die Weißrussische im Wurstelprater.

DAS LANTERLIED
UND SEIN GEHEIMNIS

1985 drehte sich die Welt der Töne noch auf dem Plattenteller. Auf der mittlerweile vergriffenen LP „I oder I" ließ der Bühnengöd aller Kabarettisten, Lukas Resetarits, sein Alter Ego Branko Simic, einen kroatischen Gastarbeiter der ersten Generation, vom Leder ziehen. Branko Simic paukt das Wienertum, um die begehrte Staatsbürgerschaft zu bekommen, den Schein der Scheine, das Dokument der Dokumente. Das Einmaleins des Österreichertums hat Branko schon am Bau gelernt. Wie man mit dem Chef trinkt und ihm nach dem Munde redet, was man wissen soll und was nicht: Geschichte nur seit 1945. Lieder nur davor. Sein Supersohn ist auch schon assimiliert, hat den Hauptschul-B-Zug (B für besser) absolviert und schreit „Tschuschen raus" am Fußballplatz. Branko ist stolz und bestens drauf. Die Hymnen des Landes kann er auch schon, das „Horst-Wessel-Lied", den „Westerwald". Nur eines müsse er noch „iben", das Lanterlied. Das Lied vom elektrischen Strom. Und dann schmettert Resetarits/Branko mit dem Tenor der Ergriffenen:

„Lanter Berge, Lanter Strome, Lanter Ekar, Lanter Dohume ..."

Das Lanterlied ist die letzte einer ganzen Reihe österreichischer (aber im wesentlichen Wiener) Hymnen. Begonnen hatte alles mit der Kaiserhymne. Ihre Komposition wurde nach der Französischen Revolution aus patriotischen Gründen angeregt. Dabei ist höchstwahrscheinlich schon die zündende Melodie der „Marseillaise", der Urmutter des politischen Liedes, Jahre vor der Revolution von einem Niederösterreicher komponiert worden. Von dem späteren Pariser Klavierfabrikanten Ignaz Pleyel nämlich. Der Haydn-Schüler war 1757 als Sohn eines Schulmeisters in Ruppersthal bei Kirchberg am Wagram geboren worden, über Italien und das Elsass nach Frankreich ausgewandert und hatte dort musikalische Fortune gemacht.

Den Gegenentwurf hatte Joseph Haydn, wie es heißt, nach einem kroatischen Volkslied gestaltet. Die Hymne, 1797 erstmals abgesungen, wurde zur berühmten „Kaiserhymne". Ihr Text wurde immer wieder variiert, meist weil eine kaiserliche Majestät gerade verblichen war oder es sonst wie staatspolitischen Änderungsbedarf gab. 1854 wurde der bis zum Ende der Monarchie gültige Text „Gott erhalte, Gott beschütze" eingeführt, der die Kaiser nicht mehr bei den jeweiligen Vornamen nannte. Dem Charakter des Vielvölkerstaats entsprechend wurde das Kaiserlied bis zum Ende der Monarchie in 13 Sprachen gesungen.

Schon knapp nach der Ausrufung der Republik am 12. November 1918 trafen in der Staatskanzlei Entwürfe für eine neue Hymne ein. Der Operettenkomponist Carl Michael Ziehrer hatte ein „Lied der Deutschen" als „Nationalhymne" vorgelegt. Möglicherweise wurde Staatsgründer Karl Renner dadurch ermuntert, selbst zum Reimlexikon zu greifen. Er besuchte den Komponisten der Oper „Der Evangelimann", Wilhelm Kienzl, und bat ihn, ein von ihm mitgebrachtes Gedicht zu vertonen. Kienzl winkte ab und musste mühsam überredet werden. Gegen die unsterbliche Haydn-Melodie wollte und konnte er nichts Gleichwertiges in Noten setzen. Kienzl griff dennoch zur Feder.

Am 15. Juli 1920 wurde diese Renner-Kienzl-Hymne am Wiener Heldenplatz zur Vereidigung der neuen deutsch-österreichischen Wehrmacht uraufgeführt. Kienzl hatte das Desaster kommen gesehen. Die inoffizielle Hymne der Ersten Republik, „Deutsch-Österreich, du herrliches Land", konnte sich wegen der unsingbaren Melodie nicht durchsetzen. Text und Melodie wurden unterschiedlich aufgenommen. „Haydn", ätzte das Feuilleton, habe eine „erste Zusammenfassung der österreichischen Seele" vollbracht, „den österreichischen Volkscharakter in eine Melodie gesammelt", sein Lied stelle zusammen mit „Prinz Eugen" und dem „Donauwalzer" Österreich volksmusikalisch dar. Kienzls Melodie hingegen sei ein „Marschlied für die Massen", das erst in der Schlussphrase „merksam und einladend" werde. Renners Worte – Phrasen wie „treusinnig", „Duldervolk", „Bergländerbund" oder „Ostalpenbund" – sah man weniger als poetische denn als diplomatische Leistung. Sie waren Konstrukte eines Staatskanzlisten.

Zudem gab es ein Revival der alten Haydn-Melodie. Ihr neuer ganz und gar nicht österreichischer Text „Sei gesegnet ohne Ende, Heimaterde wunderhold! Freundlich schmücken dein Gelände, Tannengrün und Ährengold. Deutsche Arbeit ernst und ehrlich, deutsche Liebe zart und weich – Vaterland, wie bist du herrlich, Gott mit dir, mein Österreich!" stammte vom Augustiner-Chorherrn Otto Kernstock. 1929 wurde die wunderholde Kombination zur offiziellen Bundeshymne erklärt. Ab 1936 wurde zusammen mit dieser Melodie bei zahlreichen Gelegenheiten das „Lied der Jugend" gesungen. Es war während des austrofaschistischen Ständestaats im Zuge des Märtyrerkults um Engelbert Dollfuß in Umlauf gekommen und diente der Glorifizierung des klerikalfaschistischen Diktators. Hinter dem Autorenpseudonym „Austriacus", dem Textdichter des Dollfuß-Lieds, verbargen sich die Komponisten Rudolf Henz und Nico Dostal.

Die Nationalsozialisten hingegen vermuteten den legendären Hermann Leopoldi (der gebürtige „Meidlinger Bua" hieß bürgerlich Hersch Kohn) hinter der Musik. Die Melodie orientierte sich am Horst-Wessel-Lied und preußischen Märschen. Rudolf Henz berichtete später, dass Nico Dostal die Melodie komponiert hatte, nachdem er „eine Nacht hindurch Giovinezza-Platten laufen" hatte lassen, die Triumphhymne der italienischen Faschisten. Henz selbst hatte, als er sich an der Komposition beteiligte, nach seinen Angaben „das Horst-Wessel-Lied im Ohr". Hermann Leopoldi wurde, aufgrund der Vermutung des Völkischen Beobachters, er verberge sich hinter dem Pseudonym „Austriacus", im Mai 1938 verhaftet und in das KZ Dachau gebracht. Ein Anruf der Gestapo bei Henz klärte den Sachverhalt: Leopoldi wurde enthaftet und von den Nazis zur Auswanderung „freigegeben".

Nach dem sogenannten „Anschluss" und während der Zeit des Nationalsozialismus sangen die Österreicher das Deutschlandlied zusammen mit dem faschistischen Original. Dem Horst-Wessel-Lied.

Hermann Leopoldi sang seine Wiener-Lieder in einer Pianobar in Manhattan. Auf Englisch, vor Exilwienern, die noch rechtzeitig vor den Nazis hatten flüchten können.

Anlässlich der Proklamation der Unabhängigkeit Österreichs am 29. April 1945 vor dem Parlament erklang mangels politisch korrekter

Musikliteratur der Donauwalzer. Hugo Portisch berichtet gar, 1946 sei beim Fußball-Länderspiel gegen Frankreich der Marsch „O Du mein Österreich" des dalmatinischen Operettenkomponisten Franz von Suppé intoniert worden.

„Ein Lied hymnischen Charakters", musste also her, „das den neuen österreichischen Bundesstaat und seine Menschen im In- und Ausland sowohl textlich als auch musikalisch würdig zu repräsentieren" vermöge. So lautete der Text eines Preisausschreibens, das der Ministerrat ein Jahr nach Kriegsende veranstaltete. Die Weiterverwendung der Haydn-Melodie würde man im Ausland als Provokation empfinden, eine neue Volkshymne war gefragt. Teilnahmeberechtigt waren alle Bundesbürger mit Ausnahme ehemaliger NSDAP-Mitglieder. Als erster Preis waren 10.000 Schilling ausgelobt, gesucht war eine dreistrophige Hymne. Innerhalb von zehn Wochen trudelten 1.800 Vorschläge ein, 200 kamen in die engere Wahl.

Eine Jury vergab dem Freimaurer-Bundeslied „Brüder, reicht die Hand zum Bunde" 107 von 120 möglichen Punkten. Daraufhin beschloss der Ministerrat am 22. Oktober 1946, das „Bundeslied", das man für ein Werk Wolfgang Amadeus Mozarts hielt, zur neuen Bundeshymne zu erklären. Über den Text war man sich noch nicht einig. Man trat an neun Teilnehmer des Preisausschreibens, darunter Paula Grogger, Alexander Lernet-Holenia und Paula von Preradović heran, sich nochmals in die Dichterkartause zu begeben und einen neuen Text vorzulegen. Schließlich entschied man sich für eine leicht veränderte Version des ursprünglichen Vorschlags der kroatischen Lyrikerin und Erzählerin Paula von Preradović, der Mutter von Fritz und Otto Molden, die schon fast wie der heutige Text klang: „Land der Berge, Land am Strome, Land der Äcker, Hämmer, Dome, arbeitsam und liederreich. Großer Väter freie Söhne, Volk, begnadet für das Schöne, vielgerühmtes Österreich."

Einer von Preradovićs Söhnen, der NS-Widerstandskämpfer und spätere Verleger Fritz Molden, berichtet über die näheren Umstände der Entstehung der österreichischen Bundeshymne: Mama Molden/

Preradović sei vom Hymnenauftrag nicht sonderlich begeistert gewesen. Nicht nur hatte sie nie an irgendwelchen Wettbewerben teilgenommen, sie hatte auch keine Beziehung zu dem getragenen Versmaß, das für die vorliegende Melodie notwendig war. Überdies hatte sie genügend anderes zu tun, arbeitete an einem neuen Romanzyklus und dachte, es würde schon jemand anderer einen geeigneten Text einschicken. Unterrichtsminister Felix Hurdes aber hätte nicht locker gelassen und nach mehrmaligem Urgieren hätte sich Preradović hingesetzt und eines Nachmittags einen Entwurf verfasst. Diesen hätte sie der Familie am selben Abend vorgelesen, die männlichen Familienmitglieder hätten ihn abgenickt. Daran, dass er gewählt werden würde, hätte niemand gedacht. Hurdes persönlich übermittelte die positive Nachricht. Daraufhin improvisierten die Moldens ein kleines Fest, denn „man hat ja nicht alle Tage jemanden in der Familie, der den Text der Bundeshymne geschrieben hat." Paula von Preradović setzte sich ans Klavier und sang die erste Strophe vor. Darauf fiel den beiden Söhnen nichts Besseres ein, als den Text sogleich zu persiflieren. Schon nach zehn Minuten hatten die Dichtersöhne eine spöttische Version gereimt: „Land der Erbsen, Land der Bohnen, Land der vier alliierten Zonen, wir verkaufen dich im Schleich, vielgeliebtes Österreich!"

Diese Version fand ein begeistertes Publikum unter Wiener Gymnasiasten. Die Bundeshymne selbst hatte größere Anlaufschwierigkeiten.

Zu allem Überdruss stammte die Melodie, wie Musikwissenschafter herausfanden, gar nicht vom Nationalheiligen Wolfgang Amadeus Mozart, sondern viel eher von dem 1753 in Korneuburg geborenen und 1818 in Wien verstorbenen „Claviermeister" Johann Holzer, der so etwas wie Hauskomponist von Mozarts Freimaurerloge „Zur Wahren Eintracht" war. Holzers Freimaurerlied „Im Namen der Armen" zeigt eine signifikante Ähnlichkeit mit dem „Kettenlied", der Melodie der heutigen österreichischen Bundeshymne. Experten zweifeln also nicht an seiner Autorenschaft. Gegen Mozart sprechen vier Instrumental-Takte zur Überbrückung von Textlücken. Für ein musikalisches Genie wie Mozart wären solche Hacker undenkbar. Der Wolferl hätte das besser hingekriegt.

Der Text von einer Kroatin, die Melodie von einem Freimaurer, noch dazu von einem unbekannten, kein Wunder, dass sich der österreichische Fußballer schwer tut mit der Inkantation der Nationalhymne. Die Fernsehbilder gequälter Kicker, die vor dem Ländermatch das Lanterlied runternudeln, gehören zum kollektiven Gedächtnis des Landes. Das schwerfällige Pathos der Melodie beendete jahrzehntelang die Sendezeit des Österreichischen Rundfunks. Zum bildschirmfüllenden Flattern der rotweißroten Fahne schrammte das Lanterlied aus dem Bildschirm. Danach war nur mehr graues Rauschen.

Weil das Land der Berge, der Äcker und der Hämmer nicht nur söhnereich ist, sondern gewiss auch töchtervoll, wurde 2011 im Zuge einer parteiübergreifenden Gesetzesinitiative die Feminisierung des Preradović-Textes mit namentlicher Abstimmung im Nationalrat beschlossen. Sehr zum Missfallen der Rechten im Land müssen jetzt auch die Töchter besungen werden. Dem Großteil der Bevölkerung ist das Lied, ob in alter oder neuer Version, relativ egal.

Als heimliche Hymnen des Landes gelten nämlich die Neujahrskonzert-Schlager „Radetzkymarsch" und „Donauwalzer" sowie die sentimental-naive Kitschballade „I am from Austria" von Rainhard Fendrich. US-Amerikaner halten überhaupt das Lied „Edelweiß" aus dem Trapp-Familien-Musical „Sound of Music" für die Landeshymne.

Dann doch lieber Branko Simics Lanterlied.

WAR FRANZ JOSEPH ÜBERHAUPT HABSBURGER?

Vieles in Wien verdankt seine Färbung, wenn nicht überhaupt seine Existenz den Habsburgern. Zumindest denen, die sich für solche hielten. Kaiser Franz Josephs Vater war nach offizieller Lesart Franz Karl, der zweite Sohn des österreichischen Kaisers Franz I. und dessen Gemahlin und Cousine Prinzessin Maria Theresa von Neapel-Sizilien, einer Tochter des Königs beider Sizilien aus dem Hause Bourbon und der Erzherzogin Maria Karolina von Österreich. Franz Karl hatte am 4. November 1824 Prinzessin Sophie Friederike von Bayern geheiratet.

Nach sechs Ehejahren hatten sich mehrere Fehlgeburten, aber kein Nachwuchs eingestellt. Zur Steigerung der Fertilität hatte das Paar ausgiebig in den sogenannten „Frauenbädern" der Monarchie gekurt. Vergeblich. Nach mehreren Kuraufenthalten Sophies im Solebad Ischl kam im August 1830 das erste Kind des Paares, Franz Joseph, der spätere Kaiser zur Welt. Zwei und drei Jahre später die Söhne Maximilian und Karl Ludwig und nach zwölf Jahren der schwule Luziwuzi, im Gotha (dem Genealogischen Handbuch des Adels) als Erzherzog Ludwig Viktor geführt.

In Wien munkelte man, dass die älteren Söhne statt Sophies Ehemann den österreichischen Feldmarschall-Leutnant Gustav Prinz von Wasa zum Vater hatten, den exilierten Sohn des abgesetzten schwedischen Königs. Der Kronprinz hatte den Titel Prinz von Wasa von Franz II.

bekommen, obwohl er nicht allzu verwandt war mit den alten Wasa-königen, denn die waren 1689 mit Königin Christina ausgestorben.

Gustav entstammte dem Haus Schleswig-Holstein-Gottorf (oder Holstein-Gottorp), einer Linie des norddeutschen Fürstengeschlechts Oldenburg, die ihren Ursprung in Egilmar I. (1040–1108) haben. Ihren Namen haben die Oldenburger von einem obskuren Fischhandel. Egilmar hatte sich gegen eine Rente in die Gebetsbrüderschaft des Klosters Iburg (bei Osnabrück) aufnehmen lassen. Abzuholen war diese Rente „apud Aldenburch", bei Oldenburg. Sie bestand aus 90 Bund Aalen. Diese tatsächlich in Oldenburg stattgefundene Aal-Übergabe ist die erste Erwähnung des Namens „Oldenburg". Franz Joseph hatte aus dieser mutmaßlichen genealogischen Konstellation seinen Geheimspitznamen „Oldenburger" oder „Der Olde Kaiser".

Nach einer konkurrierenden Theorie soll der spätere Kaiser Franz Joseph ein Kind von Napoleons Sohn, des Herzogs von Reichstadt gewesen sein. Dessen Wiege kann heute noch in der Wiener Schatzkammer bewundert werden. Der junge Herzog von Reichstadt, Napoléon-François-Joseph-Charles Bonaparte hatte sich mit seiner angeheirateten Tante, der sechs Jahre älteren Erzherzogin Sophie Friederike angefreundet. Die beiden besuchten zusammen Bälle und Konzerte, und der Wiener Klatsch munkelte, dass zumindest Sophies zweiter Sohn Ferdinand Maximilian, der spätere Kaiser Max von Mexiko, von ihm stamme.

In der Tat weist zumindest Franz Joseph keine der typisch habsburgischen physiognomischen Merkmale auf, wie die vorgestülpte Unterlippe, die die polnische Prinzessin Cymburgis von Masowien (1394–1429) einst für ein halbes Jahrtausend in der Familie hinterlassen hatte.

In der Wien-Expositur Bad Aussee tuschelte man bodenständiger. Henny Kienzl, Wienerin mit jüdischen Wurzeln und librettoschreibende Gattin des Komponisten und Aussee-Aficionados Wilhelm Kienzl, war eine geborene Lehner. Ihr Vater, ein Hofschranze, so erzählte sie, hätte mit Sophie die eine oder andere geheime Ischler Stunde verbracht und dabei Ferdinand Maximilian, Kaiser Franz Josephs jüngeren Bruder gezeugt.

Selbst unter der Annahme gültiger genealogischer Legitimationen und der Übereinstimmung von Genen und Stammbaumdaten wäre Franz Joseph kein Habsburger gewesen, sondern ein Lothringer, sind die Habsburger doch 1740 mit Karl VI. ausgestorben. Lothringen, eine Region im Nordosten des heutigen Frankreichs wurde vom Haus Châtenois regiert, seit 795 auch unter ihrem Stammnamen „Die Matfriede" bekannt. Franz Joseph hätte demnach eigentlich den Namen Franz-Joseph Matfrieder getragen, in etwas eleganterer, weil französischer Form François-Joseph de Mainfroi. So unnobel, wie es klingt, ist diese Abstammung nicht, gelten doch die Matfriede als eine der ältesten durchgängig bezeugten europäischen Häuser. Ihr Ursprung reicht zurück bis ins 8. Jahrhundert. Die ersten Generationen werden auch als Girardiden oder Gerhardiner (nach dem Grafen Gerhard, dem Stammvater der Familie) oder Adalharde (nach dem Seneschall Adalhard Kaiser Ludwigs des Frommen) bezeichnet. Diese sind auch als Grafen von Paris und Metz bekannt. Die Herzogswürde von Lothringen erhielt die Familie Mitte des 11. Jahrhunderts, seither firmiert der Stamm als Haus Châtenois. Mit der Heirat von Herzog Franz III. Stephan von Lothringen mit der Habsburgerin Maria Theresia heißen die Matfriede Habsburg-Lothringen.

Ein schwedischer Prinz, Napoleons Enkel oder schlicht Franz Joseph Matfrieder. Wie auch immer. Franz Joseph war ein echter Wiener, geboren am 18. August 1830 in Hietzing, gestorben am 21. November 1916 in der Hofburg. Auf seinem Totenschein ist zu lesen: „Vor- und Zuname: S. M. Kaiser Franz Joseph I. Berufszweig und Berufsstellung: Kaiser von Österreich, König von Ungarn etc. Glaubensbekenntnis: römisch-katholisch. Stand: Verwitwet. Unmittelbare Todesursache nebst Angabe der etwaigen Grundkrankheiten, aus welchen sich die unmittelbare Todesursache entwickelt hat: Herzschwäche nach Lungen- und Rippenfellentzündung. Gestorben: 21. XI. 1916 um 9 Uhr 5 abends. Ist zu beerdigen: In Kapuzinergruft."

WAS EIN ECHTER WIENER IS

Was macht einen echten Wiener aus? Was eine echte Wienerin? Eine Frage der Geburt ist es nicht, die Wiege so manches Echtwieners stand ganz woanders. Auch ist authentische Viennizität nicht an das Bleiben an Alsbachgestade, Wienufer und Donaustrand gebunden. Namen und Herkunft sind Schall und Rauch. Was aber zählt? Ein Bekenntnis zur Stadt? Wohl kaum. Geschlecht und Charakter? Die Sprache? Das Beherrschen mentalitätsgeschichtlicher Codes? Der Schmäh? Schon eher. Im Klären der Frage nach Wienerischer Absolutheit lässt sich nur auf unwissenschaftlichem Parkett tanzen. Zeit und Geist verändern die Stadt, manchmal unmerklich, bisweilen aber auch in rasendem Tempo. Das Wienerische (und was dafür gehalten wird) ist ein flüchtiges Gesellchen. Jans den Enikel, Wiener Patrizier, Dichter und Chronist des späten 13. Jahrhunderts würde man heute für einen Norddeutschen halten, den lieben Augustin für einen Waldviertler Provinzdeppen. Oida!

Wir wollen das Rad der Zeit anhalten und im Hier und Heute den Versuch wagen, zwei Dutzend Kriterien für echte Wienerischkeit zu definieren, von denen, sagen wir einmal etwas streng, alle erfüllt sein müssen. Die Liste darf durch jede andere, gleichwertige ersetzt werden.

Was macht also eine Wienerin, einen Wiener zu einer echten, zu einem echten? 1. Zu wissen, wer in der „Hasengasse" wohnt und 2. wie man den Namen vom Enkel des Gesuchten ausspricht. 3. Die Nummer vom „Hofa sein Haus" zu kennen und 4. den Namen vom „Nockatn sein Köllna". 5. Schon einmal bei Tag im Donnerbrunnen gebadet zu haben und 6. bei Nacht im Stadionbad. 7. Den Wienfluss bei Hochwasser und 8. den Zentralfriedhof bei Vollmond gesehen zu haben. 9. Mit dem Bundespräsidenten per Du zu sein, aber mit 10. DJ Ötzi per Sie. 11. An einem Würstelstand fachgerecht einen Eiterfinger mit Kinderschas, einen Buckl und ein 16er-Blech bestellen zu können und dabei nicht als Tourist enttarnt zu werden. 12. Beim Hofkonditor Demel auf Schönbrunnerdeutsch eine Crème du jour und einen trockenen Noilly Prat ordern zu können. 13. Mindestens drei Jahre lang hindurch den Abend im Alt-

Wien begonnen zu haben und den Morgen im Bane in der Köllnerhofgasse. 14. Das Gefühl zu kennen, das sich einstellt, wenn der Gatsch am Neusiedlersee-Ufer zwischen den Zehen durchquillt. 15. Die Schwammerlwiese zu kennen und 16. den Bau eines Wiener Dreiblatts mit Hütchen zu beherrschen. 17. Im Schweizerhaus vom Kolarik-Wirtn auf einen Schnitt und 18. in der Loos-Bar von der Povera auf ein Soda eingeladen zu werden. 19. Die Pummerin an einem anderen Tag als einem 31ten Dezember gehört zu haben. 20. Die Sockenfarbe vom G'schupften Ferdl zu kennen und 21. die Fassadenfarbe vom alten Drechsler; und schließlich am Graben einmal 22. das Lercherl singen, 23. Thomas Bernhard schweigen und 24. Hermes Phettberg murmeln gehört zu haben.

Arschkapplmuster 169
Adorno 7
Aida 131
Almdudler 100ff
André Heller 41
Anschluss 39f, 126, 176
Anton Kuh 26
Ausbaanln 154
Aussteigen lassen! 166
Austria Wien 50, 140, 147
Auto 64
Baba 19
Babenberger 52, 69, 83, 90, 125
Bad Ischl 85, 180
Balkan 66
Bankl reißen 20f
Beckett 8
Belvedere 38, 41f, 66
Bernsteinstraße 68, 76
Beuli geh'n 11
Bim 47, 61, 125, 164, 166
Blad 57
Blauen Zungen, blaue Lippen 121
Blauglockenbaum 121f
Blutwiese 34
Bobos 74, 77ff 126
Boboville 70, 78ff
Bochn 54, 131, 180
Branko Simic 174, 179
Bruno Kreisky 40f, 95
Budern 156
Bundeshymne 14, 176ff
Café 27f, 32, 33, 48, 73f, 82, 104

Café Salzgries 27ff, 109
Carl-Theater 51
Châtenois 182
Chuzpe 171
Coca Cola 30
Cordoba 14
Der Kommissar 42, 49
Dillo 55
Donau 14, 28, 37, 66, 76f, 83ff,
    121f, 144, 168, 183
Donaukanal 77, 83ff, 121
Donauwalzer 43, 89, 122f, 175, 177,
    179
Drei Pfeile 35
Dschuri 50, 157f
Dusel Josef (Großvater) 144
Dusl Christian (Bruder) 106
Einkaufen 150ff
Einmargerieren 155
Elie Wiesel 41
Erdäpfelsalat 112ff
Erhard Busek 67
Erster Mai 35, 93, 128
Extrawurstsemmel 73, 131
Falco 49
Faunenhain 91
Favianis 91
Fett 57, 111f
Fiaker 17, 46, 74, 78
Flieder 139f
Franz Joseph 15, 83, 85, 115, 118,
    122, 145, 180ff
Französische Botschaft 172

Freimaurer 20, 177ff
Freundschaft 12f
Friedell 7
Frühaufsteher 159
Fut 64
G'schupfter Ferdl 54, 184
G'söchda Off 54
Gänsehäufel 85
Gefängnis 63, 86, 136, 171
Geserah 34
Gespritzter 102
Gfrasd 53
Glas Wasser 98f
Gleis-Behm 47
Glühwein 105
Götterbaum 157f
Granada 60
Grant 33
Grätzel 34, 67
Grüner Veltliner 137f
Gschead 26
Gugging 71
Guglhupf 71
Gulasch 106f
Habsburger 10, 22, 27, 119, 129,
    131, 144, 159, 168, 180, 182
Häfen 63, 71, 136
Häfenelegie 63
Hansl 48, 51
Häuslschmäh 62
Haxen ausreißen 58
Hebräisch 51, 55, 62
Hechtgrau 118

Heldenplatz 39ff, 74
Helmut Zilk 46, 148
Hermann Leopoldi 176
Hermes Phettberg 101, 119f, 184
Herr Doft 31
Herr Peter 30f
Herwig Seeböck 63
Hister 87ff
Hitler 12f, 23, 39f
Hofburg 39
Hymne 14, 174ff
Immer wieder 14
Inn 83, 87ff
Isolierte 47
Ja, mir san min Radl da 14
Jack, Joe und Jill 49
Jean Gabin 31
Jeans 119f
Jiddisch 21, 53, 55, 62, 135, 171
Johann Strauss 14, 122
Kaffeehaus 27f, 48, 98f
Kahlenberg 90f
Kaiserschmarrn 115f
Kapuzinergruft 22f, 144f, 182
Karl 51
Karl Schranz 40f
Kärntnerstraße 68
Käseleberkäse 132
Kelten 87f, 90f
Kieberer 135
Kinderfernet 30
Klimazone 82
Koffer 55

Kolarik 94f, 103, 140, 184
Kopfsteinpflaster 168
Kornblume 119
Kreta 34
Kronprinz Rudolf 145
Kurt Kalb 28
Landstraße 66, 69, 80
Lanterlied 174ff, 179
Leberkäse 132
Leiwand 141
Leo 52,
Leopold Figl 41ff
Leopoldsberg 90f, 123
Leopoldstadt 51, 77, 79, 100
Lichtermeer 31, 74
Lipizzaner 131, 142f
Lukas Resetarits 49, 174
Macheloikes 171
Mahlzeit 13
Maria Theresia 99, 113, 129, 131, 182
Marie Antoinette 49, 56, 129
Massel 171
Matfriede 182
Mazzesinsel 70, 77
Meschugge 19, 171
Metternich 11, 66
Michael Häupl 46
Mischpoche 171
Mistelbacher 135f
Mojopunkt Gulasch 107
Molotow 31, 43
Mozart 177f
Nestroy 51

Niki Lauda 95, 128f
Oaschlecken 61
Oldenburg 181
Opernball 15, 74
Orange 60, 101, 134f, 147
Ostarrichi 88
Österreich ist frei! 41f
Pamperletsch 53
Panier 56, 110ff
Paula von Preradović 177f
Päule gehen 11
Phrygische Mütze 126f
Prohaska 118, 140
Quiqui 21
Radetzkymarsch 179
Radi 63, 103
Rainhard Fendrich 14, 179
Rapid 136f, 140, 147
Rathaus 35, 73, 80
Rathauspark 121
Rennweg 66, 68
Rettich 63
Richard Oesterreicher 14
Ringstraße 10, 39, 72ff
Roma, romani 11, 50, 55, 135, 141
Römer 50, 87f, 90f
Rotenturmstraße 68, 76
Rotwelsch 11, 20f, 55, 62
Rotzpippen 53
Russischer Tee 104
Salzgries 27ff, 85, 109
Salzstangerl 108
Schaffnerloser Beiwagen 164

Schani 48, 51, 74
Schanigarten 48, 74
Schiach 59, 100
Schmäh 62, 70, 141, 183
Schmusen 62
Schnitt 103
Schönbrunn 43, 118, 124, 131, 183
Schulstageln 170
Schurli 50f
Schurln 50
Schwedenplatz 76, 80
Schweizerhaus 63, 92ff, 103, 140,
    154, 184
Seidel 30, 109, 112
Semmel 73, 108, 111, 115, 131f
Servus 10
Sliwowitz 140
Sommerferien 36f
Spanisches Hofzeremoniell 22f, 144f
Sperma 50, 157f
SPÖ, Sozialdemokratie 12f, 35, 78f,
    87, 126, 128, 147
Steinhof 71
Stelze 92, 103, 154
Stephansdom 17, 22, 52, 145
Stephansplatz 17, 76, 80, 142
Stock im Eisen 76, 91
Straßenbahn 21, 47, 72, 125, 141,
    150, 166

Supermarkt 19, 150f
Tachynose 160
Tag der Arbeit 35, 128
Taxi 17f, 46, 132, 145
Tempelritter 34
Tod 20, 48, 145, 160, 182
Tramway 47, 146, 166
Tschik 57
Tschuri 50, 157f
Tschuribaum 157
Tunnel 80
U-Bahn 17f, 80f, 134, 147, 164, 166
Umpudern 156
Urlaub 13, 36f, 150
Veigerl 139
Vindobona 90f
Wadlviererichten 161
Waluliso 142
Wappler 55
Wer begehrt Einlass? 22f
Werd 68, 77
Wiener Philharmoniker 43, 92
Wiener Schnitzel 56, 110ff, 115
Wiener Wappen 125,
Zentralfriedhof 21, 86, 183
Zita 22f, 144f
Zitronenhügel 71
Zores 171
Zwiebelparlament 71

LITERATUR

Althaus, Hans Peter: Chuzpe, Schmus & Tacheles, München, 2004.

Althaus, Hans Peter: Kleines Lexikon deutscher Wörter jiddischer Herkunft, München, 2010.

Ammon, Ulrich/Bickel, Hans/Ebner, Jakob: Variantenwörterbuch des Deutschen, Berlin, 2004.

Baedeker, Karl: Oesterreich-Ungarn, Leipzig, 1895.

Barnhart, Robert K. (Hg.): Barnhart Concise Dictionary of Etymology, New York, 1995.

Böker, Hans Josef: Der Wiener Stephansdom, Salzburg/Wien/München, 2007.

Burnadz, Julian Marian: Die Gaunersprache der Wiener Galerie, Lübeck, 1970.

Ceska, Paul: Studie über die Namen Favianis und Wien, Horn 1965.

Czeike, Felix: Historisches Lexikon, Wien, 1993–1995.

Dicm, Peter: Die Symbole Österreichs, Wien, 1995.

Dusl, Andrea Maria: Boboville, St. Pölten/Salzburg, 2008.

Dusl, Andrea Maria: Die österreichische Oberfläche, St. Pölten/Salzburg, 2007.

Dusl, Andrea Maria: Ins Hotel konnte ich ihn nicht mitnehmen, Wien, 2012.

Evans, M.A./Meurig, H.: Welsh-English/English-Welsh, New York, 1993.

Girtler, Roland: Die alte Sprache der Gauner, Dirnen und Vagabunden, Wien, 1998.

Gottschald, Max: Deutsche Namenkunde, Berlin, 2006.

Grimm, Jacob u. Wilhelm: Deutsches Wörterbuch, München, 1984.

Günther, Louis: Die Deutsche Gaunersprache und verwandte Geheim- und Berufssprachen, Leipzig, 1919.

Haberl, Johanna: Favianis, Vindobona und Wien, Leiden, 1976.

Haberl, Johanna: Wien ist älter, Wien/München, 1981.

Harl, Ortolf: Vindobona, das römische Wien, Wien/Hamburg, 1979.

Haweker, Sara/Waite, Maurice: Concise Oxford Thesaurus. Oxford, 2007.

Hoad, T. F.: The Concise Oxford Dictionary of English Etymology, Oxford, 1987.

Holzer, Georg: Namenkundliche Aufsätze, Wien, 2008.

Holzheimer, Gerd: Ein Österreich-Lexikon, Leipzig, 1997.

Hornung, Maria: Lexikon österreichischer Familiennamen, St. Pölten/Wien, 1989.

Hornung, Maria/Swossil, Leopold: Wörterbuch der Wiener Mundart, Wien, 1998.

Jakob, Julius: Wörterbuch des Wiener Dialekts, Wien/Leipzig, 1929.

Kisch, Wilhelm, Die alten Strassen und Plätze Wiens und ihre historisch interessanten Häuser, Wien, 1883.

Kluge, Friedrich: Etymologisches Wörterbuch der deutschen Sprache, Berlin, 2011.

Ladenbauer-Orel, Hertha: Der Berghof, Wien/Hamburg, 1974.

Limbach, Jutta: Ausgewanderte Wörter, Hamburg, 2007.

Maier, Bernhard: Kleines Lexikon der Namen und Wörter keltischen Ursprungs, München, 2003.

Oettinger, Karl: Das Werden Wiens, Wien, 1951.

Österreichisches Wörterbuch, 42. Aufl., Wien, 2012.

Pfeifer, Wolfgang/Braun, Wilhelm/Ginschel, Gunhild: Etymologisches Wörterbuch des Deutschen, München, 1999.

Pfeiffer, Herbert: Das große Schimpfwörterbuch, Frankfurt am Main, 1997.

Pohl, Heinz-Dieter/Schwaner, Birgit: Das Buch der österreichischen Namen, Wien/Graz/Klagenfurt, 2007.

Pokorny, Julius: Indogermanisches etymologisches Wörterbuch, Tübingen, 1989.

Reichmann, Maria: Die Wiener Gaunersprache, München, 2007.

Röhrich, Lutz: Lexikon der sprichwörtlichen Redensarten, Freiburg/Basel/Wien, 1994.

Rosten, Leo: Jiddisch/Eine kleine Enzyklopädie, München, 2002.

Schuster, Mauritz: Alt-Wienerisch, Wien, 1951.

Schwarz, Mario (Hg.): Die Wiener Hofburg im Mittelalter, Wien, 2015.

Schwendter, Rolf: Arme essen – Reiche speisen, Wien, 1995.

Schwendter, Rolf: Subkulturelles Wien, Wien, 2003.

Schwendter, Rolf: Vergessene Wiener Küche, Wien, 2004.

Sedlaczek, Robert: Wörterbuch des Wienerischen, Innsbruck/Wien, 2011.

Sedlaczek, Robert/Reinhardt Badegruber: Wiener Wortgeschichten, Innsbruck/Wien, 2012.

Simek, Rudolf/Mikulásek, Stanislav: Kleines Lexikon der tschechischen Familiennamen in Österreich, Wien, 1995.

Soanes, Catherine (Hg.): Concise Oxford English Dictionary, Oxford, 2004.

Teuschl, Wolfgang: Wiener Dialektlexikon, Wien, 1990.

Train, Joseph Karl von: Wörterbuch der Gauner- und Diebessprache, Leipzig, 2011.

Wehle, Peter: Die Wiener Gaunersprache, München, 1977.

Wehle, Peter: Sprechen Sie Wienerisch?, Wien, 1980.

Weinstein, Miriam: Jiddisch, Berlin, 2003.

Wolf, Siegmund A.: Wörterbuch des Rotwelschen / Deutsche Gaunersprache, Mannheim, 1956.

Mit freundlicher Unterstützung:

Kulturabteilung der Stadt Wien,
MA7 – Literaturförderung

Einige der hier publizierten Passagen folgen in größtenteils stark
überarbeiteter Form Essays, Kolumnen und Texten der Autorin, die
vor längerem in der Wiener Stadtzeitung „Falter", den „Salzburger
Nachrichten" und im „Standard", sowie im mittlerweile vergriffenen
Essayband „Die Österreichische Oberfläche, Österreich findet am
Übergang zwischen Innen und Außen statt" (Residenz Verlag)
erschienen sind. Allen Verlagen und den dort Zuständigen und
Verantwortlichen sei an dieser Stelle herzlich gedankt!

Mit 18 Elektroholzschnitten von Andrea Maria Dusl

© 2016 METROVERLAG
Verlagsbüro W. GmbH.
info@metroverlag.at
Alle Rechte vorbehalten
Printed in the EU
ISBN 978-3-99300-244-2